FORSCHUNGSBERICHTE DES

INSTITUTS FÜR DEUTSCHE SPRACHE

herausgegeben von

Ulrich Engel und Irmgard Vogel

Band 21

» Tübinger Beiträge zur Linguistik «
74 Tübingen 1 · Postfach 2567
Printed in Germany
Druck: FOTODRUCK PRÄZIS B. v. Spangenberg KG · Tübingen
ISBN 3–87808–621–0

Gertrude Harlass / Heinz Vater

Zum aktuellen deutschen Wortschatz

Vorbemerkungen der Herausgeber

Die vorliegende Arbeit von Gertrude Harlass und Heinz Vater ist bereits in den Jahren 1961-1966 entstanden. Sie wurde dem Institut für deutsche Sprache im Herbst 1969 zu Veröffentlichung angeboten und kann verschiedener widriger Umstände wegen erst jetzt erscheinen.

Auch wenn die Darstellung inhaltlich nicht den absolut neuesten Stand wiedergibt, so halten wir sie als Dokumentation eines bestimmten Ausschnitts aus der Lexis zu einem bestimmten Zeitpunkt doch für überaus wertvoll. Wir freuen uns, daß wir sie heute einem größeren Leserkreis zugänglich machen können.

Ulrich Engel   Irmgard Vogel

Inhalt Seite

V O R W O R T

Der Plan, den aktuellen deutschen Wortschatz systematisch zu untersuchen, geht auf den am 7.12.1963 durch einen Autounfall ums Leben gekommenen Leiter der Geschäftsstelle der Gesellschaft für deutsche Sprache, Dr. Oskar Buchmann, zurück. Diese Untersuchung sollte vor allem dazu dienen, die sprachpflegerische Arbeit der Gesellschaft für deutsche Sprache wissenschaftlich zu fundieren.

Auf der Basis umfassender Materialsammlungen sollte ermittelt werden, welche Auswirkungen politische, gesellschaftliche, wirtschaftliche, technische und kulturelle Entwicklungen auf die Sprache haben, mit welchen Mitteln die Sprachgemeinschaft diese Umweltveränderungen bewältigt. Entscheidende Anregungen hatte Dr. Buchmann durch die beiden Aufsätze "Die Ordnung der Sprache im persönlichen und öffentlichen Leben" und "Der Dienst an der Muttersprache" von L. Weisgerber empfangen. In der Abhandlung "Der Dienst an der Muttersprache" skizziert Weisgerber den Plan einer "Sprachwetterkarte", einer Institution zur Beobachtung und Registrierung sprachlicher Gegebenheiten und Veränderungen: "Ein Sprachdienst in gedanklicher Entsprechung zu diesem Wetterdienst würde also so aussehen: ein Ansammeln so vieler Beobachtungen über das sprachliche Geschehen, wie nötig ist, um ein ausreichendes Bild von der Sprachlage der Gegenwart zu haben (wobei die Sprachlage in dauerndem Wandel zu sehen ist, der durch immer erneute Feststellungen verfolgt werden muß").[1]

Da man mit einer möglichst großen Materialmenge arbeiten wollte, sollten Loch- und Sortiermaschinen zu Hilfe genommen werden. Die Deutsche Forschungsgemeinschaft erklärte sich zu einer allerdings nur begrenzten Finanzierung des Unternehmens bereit. Am 15.11.1961 übernahm ich die Bearbeitung des Forschungsauftrags. Voruntersuchungen und genaue Kalkulationen ergaben, daß der Plan in einigen Punkten zu spezifizieren, in anderen zu ändern sei. Es zeigte sich, daß selbst bei der Verwendung von

Loch- und Sortiermaschinen die Beschränkung auf ein Korpus von 20 000 Belegen geboten war.

Auf die Darstellung sprachlicher Entwicklungen mußte unter diesen Umständen verzichtet werden. Es wurde beschlossen, zunächst nur eine synchrone Untersuchung der Gegenwartssprache vorzunehmen. Eine weitere Beschränkung war unumgänglich: Ein Material von 20 000 Belegen enthält im allgemeinen über 10 000 Formwörter (man berechnet den Anteil der Begriffswörter im Durchschnitt mit 45 %). Für die spezifische Fragestellung der Arbeit mußte eine Totalexzerption relativ unergiebig bleiben; man kam deshalb überein, sich auf Neubildungen und Sprachgut in neuer Bedeutung und Verwendung zu konzentrieren. Nach den Voruntersuchungen ging ich daran, ein Verschlüsselungssystem für das Lochkartenverfahren auszuarbeiten, das dazu dienen sollte, jeden Beleg mit möglichst vielen grammatikalischen und inhaltlichen Daten zu erfassen. Das Eintragen der Belegwörter und ihrer Stellenangaben in vorgedruckte Lochungslisten besorgte eine technische Hilfskraft. Zur Verschlüsselung einfacher grammatischer Daten, wie Kasus und Numerus des Belegs, konnten Studenten herangezogen werden. Kompliziertere Klassifizierungen wurden von den wissenschaftlichen Mitarbeitern, von Gertrud Ganz, Gertrude Harlass und mir, vorgenommen. Horst Grimm, ein Mitglied der Gesellschaft für deutsche Sprache, hat längere Zeit in allen Bereichen mitgearbeitet.

Nach dem Tode Dr. Buchmanns betreute vorübergehend Wilfried Seibicke, damals kommissarischer Leiter der Lüneburger Geschäftsstelle, das Unternehmen; im März 1964 übertrug die Deutsche Forschungsgemeinschaft mir die Leitung. Die maschinellen Arbeiten übernahm die Firma IBM in Hamburg. Von Oktober 1964 bis Dezember 1966 war Gertrude Harlass mit der Auswertung des maschinell aufbereiteten Materials befaßt.

Zu danken ist vor allem der Deutschen Forschungsgemeinschaft für die Finanzierung des Unternehmens, sodann der Gesellschaft für deutsche Sprache, die - solange sich die Geschäftsstelle in Lüneburg befand - ihre Räume, ihre Bibliothek und alle nötigen Hilfsmittel zur Verfügung gestellt hat, und der Firma IBM, insbesondere den Herren Dr. Schlüter und Burmeister, für die reibungslose Erledigung der Lochungs- und Tabellierungsarbeiten.

Hamburg, Januar 1967

Heinz Vater

1. EINFÜHRUNG

1.0 Gegenstand und Ziel der Untersuchung

Der aktuelle Wortschatz läßt sich definieren als der Teil des Wortbestandes der Gemeinsprache, der zur Bezeichnung aktueller Gegenstände - Dinge, Ereignisse, Zustände, Vorgänge, Aktionen usw. - dient. Dabei kann es sich um die Benennung von etwas Neuem (*Raumfahrt*, *Astronaut*), aber auch um Neubenennung, neue sprachliche Fassung alter Begriffe handeln (*konventioneller Krieg*, *konventionelle Rüstung* für Sachverhalte, die früher nur mit den Wörtern *Krieg* und *Rüstung* bezeichnet wurden). Oft werden mehrere Termini für ein und dieselbe Sache gebildet: *Raumfahrer*, *Raumpilot*, *Astronaut* und *Kosmonaut*. Außer den sprachlichen Neubildungen galt es, neue Verwendungsweisen vorhandenen und die gelegentliche Wiederaufnahme veralteten Sprachmaterials zu registrieren.

Die Grenzen des aktuellen Wortschatzes sind fließend: Von heute auf morgen kann ein Wort in diesen Bereich gelangen und ebenso schnell - meist mit dem Gegenstand, den es bezeichnet - wieder verschwinden. Ein beträchtlicher Teil aller neu entstehenden Bezeichnungen sind Gelegenheitsbildungen, die niemals in den festen Wortbestand aufgenommen werden und folglich auch keinen Eingang in die Wörterbücher finden, die aber für die Beschreibung sprachlicher Strukturen oder die Art und Weise, in der Bezug auf aktuelles Geschehen genommen wird, oft besonders aufschlußreich sind.

Neben der lexikalischen Erfassung des aktuellen Wortschatzes wurde eine möglichst umfassende Klassifizierung nach verschiedenen Gesichtspunkten angestrebt, vor allem jedoch eine möglichst genaue formale Beschreibung, die Aufschluß über die einzelnen Wortbildungstypen und über die Produktivität der Wortbildungsmittel geben sollte. Statistische Ermittlungen konnten dabei nur bedingt eine Rolle spielen (vgl. 1.1.2).

1.1 Auswahl der Quellen und Belege

1.1.1 Quellen

Da das aktuelle Geschehen am schnellsten und vielfältigsten von der Presse wiedergegeben wird, stützt sich die Untersuchung im wesentlichen auf Belege aus Zeitungen und Zeitschriften. Zusätzlich wurden wissenschaftliche Aufsätze und Buchkataloge herangezogen. Bei der Auswahl der Zeitungen sollten verschiedene geographische, politische und stilistische Bereiche erfaßt werden.

Folgende Auswahl wurde getroffen:

(1)	Tageszeitungen	Wochenzeitungen, Zeitschriften
Bundesrepublik	Die Welt, Hamburg	Der Spiegel, Hamburg
	Frankfurter Allgemeine Ztg. (FAZ)	Stern, Hamburg
	Süddeutsche Zeitung (SZ), München	Kristall, Hamburg
	Bild, Hamburg	Die Zeit, Hamburg
	BZ, (West-)Berlin	Brigitte, Hamburg
	Tagesspiegel, (West-)Berlin	DM (Deutsche Mark), Stuttgart
DDR	Neues Deutschland (ND), (Ost-)Berlin	Wochenpost, (Ost-)Berlin
Schweiz	Neue Zürcher Zeitung	
Österreich	Die Presse, Wien	

(2) Aufsätze aus: Studium generale,
Der Sprachwart

(3) Deutsche Bibliographie, Frankfurt/Main

(4) Einzelbelege aus verschiedenen Zeitungen und Zeitschriften

1.1.2 Zeitliche Abgrenzung, Umfang des Materials

Die exzerpierten Zeitungen, Zeitschriften und sonstigen Quellen stammen im wesentlichen aus den Jahren 1962 und 1963, ein geringer Teil aus den Jahren 1960, 1961 und 1964.

Die für den Forschungsauftrag vorgesehene Zeit und die zur Verfügung stehenden Mittel geboten, wie im Vorwort erwähnt, eine Beschränkung auf 20 000 Belege. Stichproben erwiesen, daß in einem Exemplar einer Tageszeitung ungefähr 1 200 Wörter und Wortgruppen enthalten waren, die als Neuprägung oder als Wörter und Wortgruppen in neuer Verwendung für die Untersuchung in Frage kamen. Da möglichst viele verschiedenartige Quellen herangezogen werden sollten, konnten immer nur wenige Nummern einer Zeitung oder Zeitschrift exzerpiert werden. Mehrfach belegte Wörter oder Wortgruppen wurden nur dann berücksichtigt, wenn sie eine neue, noch nicht belegte Bedeutung oder Verwendungsweise zeigten. Eine rein statistische Auswertung konnte auf dieser Materialgrundlage nicht angestrebt werden; sie hätte eine Totalexzerption der Quellen vorausgesetzt. Weder der absolute noch der relative Umfang (Verhältnis zum Gesamtwortbestand) des aktuellen Wortschatzes konnte und sollte in dieser Untersuchung ermittelt werden - was ohnedies kaum möglich ist, da in diesem Bereich der Sprache ständig mit Veränderungen gerechnet werden muß. Die bei der sprachlichen Auseinandersetzung mit neuen Sachverhalten und Gegenständen vorherrschenden Tendenzen dürften dennoch aus den folgenden Darlegungen ersichtlich sein.

1.1.3 Auswahl der Belege

Für die Auswahl des Belegmaterials galten die folgenden Bedingungen:

(1) Der Beleg mußte Bestandteil der deutschen Sprache sein; fremdsprachiges Wortgut wurde nur aufgenommen, wenn es als Bestandteil eines deutschen Textes aufgefaßt werden konnte, d.h. wenn es nicht in einem fremdsprachigen Zitat oder einem in fremder Sprache abgefaßten Text erschien.

(2) Der Beleg mußte der Hochsprache angehören; umgangssprachliche oder mundartliche Belege wurden nur aufgenommen, wenn sie als Bestandteil eines hochsprachlichen Textes auftraten.

(3) Der Beleg mußte der Gemeinsprache angehören; fachsprachliche Ausdrücke wurden nur aufgenommen, wenn sie als Bestandteil der Gemeinsprache aufgefaßt werden konnten, d.h. wenn sie in einem Text auftraten, der sich nicht an ein Fachpublikum wandte.

(4) Der Beleg mußte außerdem der Gegenwartssprache angehören. Das war gewährleistet durch die Auswahl der Quellen (vgl. 1.1.1).

Die spezielle Fragestellung der Untersuchung machte weitere Einschränkungen bei der Auswahl des Materials nötig. Da vor allem Neubildungen aufgenommen werden sollten, galt es zunächst, eine möglichst sinnvolle Begrenzung des Begriffs "neu" zu finden. Zweifellos haben das Ende des Zweiten Weltkriegs und die Teilung Deutschlands die stärksten politischen, gesellschaftlichen, wirtschaftlichen und kulturellen Veränderungen der jüngeren deutschen Vergangenheit zur Folge gehabt. Das Jahr 1945 schien deshalb als Orientierungspunkt geeignet. Wenig sinnvoll wäre es allerdings gewesen, sich sehr streng an diese zeitliche Begrenzung zu halten; Termini der Nuklear- und Raketentechnik zum Beispiel, die in beschränktem Umfang bereits vor 1945 in Umlauf waren, wurden als Neubildungen aufgenommen, da der entscheidende Einbruch dieser Terminologie in die Gemeinsprache erst nach 1945 erfolgt ist.

Nur anhand einer lückenlosen Dokumentation der deutschen Sprache wären präzise Angaben über das

Alter eines Belegs möglich. Da es eine solche Dokumentation nicht gibt, mußten in Zweifelsfällen die vorhandenen lexikalischen Hilfsmittel benutzt werden. Als neu wurden also nicht nur Belege angesehen, die zur Bezeichnung einer nachweisbar neuen Sache dienen, sondern auch Belege, die in den vorhandenen Wörterbüchern der deutschen Sprache nicht verzeichnet sind. Da die meisten Wörterbücher nur lexikalisierte Komposita und selten Wortgruppen verzeichnen, stellt das zweite Kriterium selbstverständlich keinen stichhaltigen Beweis für den neologischen Charakter eines Belegs dar. Es ist jedoch anzunehmen, daß auf diese Weise wenigstens ein Teil tatsächlicher Neubildungen zusätzlich erfaßt wurde. Wenn im folgenden der Begriff "neu" verwendet wird, gelten immer die hier gemachten Einschränkungen.

Innerhalb des so begrenzten Materials wurde folgende Auswahl im einzelnen getroffen:

(1) Neubildungen,
(2) alte Wörter und Wortgruppen in neuer Verwendung,
(3) veraltete Wörter und Wortgruppen, die erneut verwendet werden.

1.2 Verschlüsselung für das Lochkartenverfahren

1.2.0 Vorbemerkungen

Um eine Auswertung des Belegmaterials nach verschiedenen grammatikalischen, inhaltlichen und stilistischen Merkmalen in einem überschaubaren Zeitraum zu gewährleisten, wurde das Lochkartenverfahren angewendet.

Während der auf die Grundform gebrachte Beleg und ein Teil der Stellenangabe direkt übernommen werden konnten - jeder Zahl entspricht ein Loch, jedem Buchstaben eine Kombination von zwei Löchern - mußten die Merkmale verschlüsselt werden.

Es wurden IBM-Lochkarten mit 80 Spalten verwendet. In jeder Spalte gab es 12 Lochungsmöglichkeiten (von 0 bis 9 sowie die beiden Lochungen x (= 11) und y (= 12), die als Überlöcher fungierten). Dazu kam als dreizehnte Möglichkeit die Nicht-Lochung (R = Restfach). Durch Kombination der Lochungen 0 - 9 mit den Überlöchern x und y vervielfachen sich die Möglichkeiten. Wo dieses Potential noch nicht ausreichte, wurden mehrere Spalten kombiniert. Für die Verschlüsselung der Suffixe wurde z.B. eine Kombination aus zwei Spalten verwendet; statt 20 (zwei mal 0 - 9) erhält man 100 (00 - 99) Lochstellen. Durch Hinzunahme der Überlöcher lassen sich auch diese Möglichkeiten noch potenzieren. (Nähere Einzelheiten zur Technik der Verschlüsselung sprachlicher Merkmale finden sich bei Vater, Lochkarten im Dienste der Sprachwissenschaft.)

Die Einteilung des Schlüssels entspricht dem Schema der Lochkarte.

1.2.1 Textlochung (Spalte 7 - 33)

Für die Lochung des Belegs standen 27 Spalten zur Verfügung. Belege, die mehr als 27 Buchstaben hatten, wurden abgekürzt und später mit der Hand in einem Klartextfeld ergänzt. Da im Lochkartenalphabet für die Buchstaben ß, ä, ö und ü keine Zahlenkombination zur Verfügung steht, wurden Belege, die diese Buchstaben enthielten, mit x in Spalte 1 gekennzeichnet und später berichtigt.

1.2.2 Stellenangabe (Spalte 2 - 6)

Für die Stellenangabe standen fünf Spalten zur Verfügung. In den ersten drei Spalten wurden Titel und Nummer der Zeitung, in den beiden letzten die Seitenzahlen gelocht.

Die ersten drei Spalten (2 - 4) wurden folgendermaßen aufgeteilt: Die Zeitungstitel wurden in Spalte 2 verschlüsselt (0 = FAZ, 1 = Die Welt, Nichtlochung = Die Zeit usw.), für die Nummer der Zeitung wurden die Spalten 3 und 4 verwendet, wobei nach Möglichkeit die tatsächliche Nummer eingesetzt wurde. Die Lochungen in Spalte 5 und 6 entsprechen immer den realen Seitenzahlen.

Spalte	2	3	4	Titel, Jahrgang, Nummer, Datum		
Lochung		O	O	Die Zeit	19.Jg.	Nr. 3, 17. 1.1964
					und	Nr. 4, 24. 1.1964
		O	4	"	18.Jg.	Nr. 4, 25. 1.1963
		O	5	"	19.Jg.	Nr. 5, 31. 1.1964
		O	6	"	19.Jg.	Nr. 6, 7. 2.1964
		O	7	"	19.Jg.	Nr. 7, 14. 2.1964
		2	6	"	18.Jg.	Nr. 26, 28. 6.1963
		3	8	"	18.Jg.	Nr. 38, 20. 9.1963
		4	7	"	18.Jg.	Nr. 47, 22.11.1963
		4	9	"	17.Jg.	Nr. 49, 7.12.1962
	O	1	6	F A Z		Nr. 16, 19. 1.1962
	O	4	3	"		Nr.143, 25. 6.1963
	O	6	9	"		Nr.269, 18.11.1961
	1	O	O	Die Welt		Nr. 58, 9. 3.1962
	1	4	3	"		Nr.143, 24. 6.1963
	1	4	5	"		Nr.145, 26. 6.1963
	1	4	8	"		Nr.248, 24.10.1963
	1	8	4	"		Nr.284, 6.12.1963
	1	9	2	"		Nr.292, 14.12.1962
	2	5	4	Süddt. Zeitung	19.Jg.	Nr.154, 28. 6.1963
	2	6	1	"	19.Jg.	Nr.161, 6./7.7. 63
	3	7	3	Neue Zür-cher Zeitg.		Nr.173, 26. 6.1963
	3	8	6	"	184.Jg.	Nr.186, 9. 7.1963
	4	3	O	Wochen-post	10.Jg.	Nr. 30, 27. 7.1963
	4	3	7	"	10.Jg.	Nr. 37, 14. 9.1963
	5	2	7	Neues Deutsch-land	17.Jg.	Nr. 27, 27. 1.1962
	5	2	8	"	17.Jg.	Nr. 28, 28. 1.1962
	5	2	9	"	17.Jg.	Nr. 29, 29. 1.1962
	5	3	O	"	17.Jg.	Nr. 30, 30. 1.1962
	6	O	5	B Z	86.Jg.	Nr. 5, 6. 1.1962

7	4	4	Bild	12.Jg. Nr.144, 25. 6.1963
7	4	9	"	11.Jg. Nr. 49, 27. 2.1962
7	7	8	"	12.Jg. Nr. 78, 2. 4.1963
8	1	2	Der Spie-	17.Jg. Nr. 12, 20. 3.1963
8	1	3	gel	18.Jg. Nr. 13, 25. 3.1964
8	1	4	"	18.Jg. Nr. 14, 1. 4.1964
8	1	5	"	17.Jg. Nr. 15, 10. 4.1963
8	2	6	"	17.Jg. Nr. 26, 26. 6.1963
8	4	2	"	16.Jg. Nr. 42, 17.10.1962
8	7	3	Stern	15.Jg. Nr. 3, 21. 1.1962
8	8	5	Kristall	Nr. 5, 1962
8	9	1	Die Presse	Jg. 1963,Nr.4561, 8.7.63
8	9	2	"	Jg. 1963,Nr.4552, 27.6.63
9	0	6	Studium generale	Heft 1, 1962
9	1	4	Brigitte	Heft 14, 1963
9	1	8	Hamburger Abendblatt	11. 9. u. 14./15.9.1963
9	1	9	"	1.11. u. 30.1./1.12.63
9	2	0	"	16.1., 17.1., 3.1.,3.2. u.6.2.1964
9	2	3	Der Tages-	Nr.5435, 28. 7.1963
9	2	9	spiegel	Nr.5429, 21. 7.1963
9	4	8	"	Nr.5648, 9. 4.1964
9	2	5	DM	Nr. 25, 21. 6.1963
9	3	0	Der Sprach-	12.Jg. Nr. 4, April 1962
9	3	1	wart	13.Jg. Nr. 2, Febr. 1963
9	3	2	Bundesanzeiger	Nr.147, 10. 8.1963
9	3	3	Neue deutsche Presse	Nr. 22, Juni 1960
9	9		Deutsche Bibliographie, Frankfurt/Main	1962

1.2.3 Verschlüsselung der Merkmale

1.2.3.1 Wortstruktur - Kartenart (Spalte 1)

In Spalte 1 wurden die Hauptstrukturtypen unterschieden, d.h. es wurde angegeben, ob es sich um ein Simplex (w), eine Wortgruppe (WG), ein Kompositum (K), die Ableitung von einem Simplex (w + s) oder einem Kompositum (K + s), die entsprechenden Präfigierungen (p + w, p + K) oder präfigierten und abgeleiteten Formen (p + w + s, p + K + s) oder um eine Abkürzung (Abk) handelte (zur Abgrenzung der Begriffe vgl. 3.1). Über die Anzahl der in einem Beleg auftretenden Prä- bzw. Suffixe (p, s) ist hier nichts ausgesagt. Die Komposita werden nach der Zahl ihrer Glieder unterschieden.

O	w
1	WG
2	K (zweigliedrig)
3	K (dreigliedrig)
4	K (vier- und mehrgliedrig)
5	w + s
6	p + w (+ s)
7	K + s
8	p + K (+ s)
9	Abk

Die Wortstruktur gibt gleichzeitig die Kartenart an; deshalb wurde dafür Spalte 1 gewählt. Von der Kartenart hängt ab, welche der folgenden Spalten beim Lochen übersprungen werden können. Bei Kartenart O (= Simplex) können beispielsweise alle Spalten übersprungen werden, die spezifische Merkmale der Komposition oder Ableitung enthalten.

1.2.3.2 Wortart (Spalte 34)

R	Zahlwort
O	Substantiv
1	Eigenname
2	Adjektiv
3	Adjektiv im Komparativ
4	Adjektiv im Superlativ
5	Verb
6	Adverb

7 Präposition, Konjunktion
8 Pronomen, Interjektion
9 Satz

In 7 und 8 mußten jeweils zwei seltener auftretende Wortarten zusammengefaßt werden.
Wortgruppen wurden nach der Wortart ihres Kerns klassifiziert (vgl. 3.2).

1.2.3.3 Morphologische Angaben (Spalten 35-39)

Dieser Merkmalbereich ist zum Teil abhängig von Spalte 34. Ist in Spalte 34 ein Wort als Nomen gekennzeichnet, so bedeuten die Lochungen in Spalte 35 den Kasus, ist es als Verb gekennzeichnet, folgen in Spalte 35 Angaben über das Genus verbi u.ä. Da ein Wort im Text nicht zugleich Nomen und Verb sein kann, war es möglich, für beide Kategorien die gleiche Lochung zu benutzen: Loch 8 bedeutet z.B. "vorangestellter Genitiv" beim Nomen und "Reflexivum" beim Verb. Die Bedeutung der Lochungen in dieser Spalte ließ sich also nur dann eindeutig ermitteln, wenn vorher die Spalte 34 bereits sortiert war.

x	iVbdg mit Präposition	
y	iVbdg mit *als*	
0	nicht erkennbar	
1	Nominativ	
2	Genitiv	
3	Dativ	
4	Akkusativ	
5		Aktiv
6		Aktiv mit *sein*
7		Passiv
8	vorangestellter Genitiv	Reflexivum
9		Zustandsform

In Spalte 36 wurden Genus und Numerus des Nomens oder die Person des Verbs gelocht.

0	Neutrum	
1	Maskulinum	1. Pers. Sg
2	Femininum	2. Pers. Sg
3	Neutrum Pl	3. Pers. Sg
4	Maskulinum Pl	1. Pers. Pl
5	Femininum Pl	2. Pers. Pl

6	Pluraletantum	3. Pers. Pl
7		Infinitiv
8		Partizip I
9	nicht erkennbar	Partizip II

Die Spalten 37 und 38 geben den Artikel beim Nomen, Tempus und Modus beim Verb an. Unter dem Begriff "Artikel" wurden alle pronominalen Formen zusammengefaßt, die als Begleiter des Substantivs auftreten[2]. Dazu kamen die Zahlwörter und Maßbezeichnungen.

00	0-Form	
01	*der*	
02	*ein*	
03	Kurzform	
04	*(ein) jeder*	
05	*dieser*	
06	*jener*	
07	*mancher, manch ein*	
08	*alle(r)*	
09	*kein(erlei)*	
10	Possessivum	
11	*(ein) solcher, solch ein*	
12	*welcher, welch ein*	
13	*was für ein*	
14	*einige*	
15	*mehrere*	
16	*irgendein*	
17	*irgendwelche(r)*	
18	*sämtliche(r)*	
19	*jeglicher, jedweder*	
20	*etliche(r)*	
21	*etwas*	
22	*viel(e)*	
23	*wenig(e)*	
24	*genug, genügend*	
25	Maßbezeichnung	
26	Zahlwort	
27	Artikel + Zahlwort	
28	*beide*	
29	Artikel + *beide*	
30	Indikativ	Präs
31		Imp
32		Fut I
33		Perf

34		Plusquamperf
35		Fut II
40	Konjunktiv	Präs
41		Imp
42		Fut I
43		Perf
44		Plusquamperf
45		Fut II
48	Konditional I	
49	Konditional II	
50	Imperativ	

Spalte 39 gibt die Flexionsendungen an, abermals für Nomen und Verb getrennt. Da die Zahl der im Deutschen vorkommenden Flexionsendungen sehr niedrig ist, genügte eine Spalte.

R		unregelmäßig	
x	Umlaut	Umlaut	
y		Ablaut	
0	-∅	-∅	
1	*-e*	*-e*	
2		*-st, -[el]st, -[er]st*	*-te*
3	*-[el]s, -[er]s*	*-est*	*-tet*
4	*-es*	*-t*	*-test*
5	*-s*	*-et*	*-ten*
6	Vokal außer *e;*	*-[el]n, -[er]n*	*-ete*
7	*-en*	*-en*	*-etest*
8	*-er*		*-etet*
9	*-ens, -em*	*-[el]t, -[er]t, -end*	*-eten*

1.2.3.4 Syntaktische Position (Spalte 40-42)

Die Spalten 40-42 sind für die Registrierung syntaktischer Merkmale bestimmt. In Spalte 40 wurde die syntaktische Position des Stichworts verzeichnet, in Spalte 41 die des unmittelbar abhängigen Gliedes, in Spalte 42 die eines im zweiten Grade abhängigen Gliedes.
Die Spalte 40 enthält wiederum für Nomina (NK = Kern einer Nominalgruppe, NG = Nominalgruppe) und Verben (VK = Kern einer Verbalgruppe) getrennte Angaben.

y attributives Adjektiv vorhanden
x Koordinierung
0 Apposition
1 NK VK
2 NG zweiten Grades
3 NG dritten Grades
4 NG vierten Grades (n-ten Grades)
5 NG, abhängig von Adjektiv (Partizip)
6 abhängig von VK im ersten Grad
7 abhängig von VK im zweiten Grad
8 abhängig von VK im dritten Grad
9 abhängig von VK im vierten Grad (n-ten Grad)

In 6 - 9 sind Bestandteile verzeichnet, die von VK abhängen. Das können sowohl Nominal- wie auch Verbalgruppen sein. Prädikatsnomen, Objekt und adverbiale Bestimmung sind hier zusammengefaßt; die genauere Bestimmung ist in Zusammenhang mit Spalte 35 möglich.

Für Spalte 41 gelten zwei Schemata. In Schema 1 wird das von dem Stichwort unmittelbar abhängige Glied bestimmt. Dieses Schema gilt auch für Spalte 42, in dem das im zweiten Grade abhängige Glied gekennzeichnet wird. Im Index wird der Kasus der Nominalgruppe angegeben.

x Voranstellung (Genitiv oder Apposition)
0 Apposition / Partizip
1 NG_n
2 NG_g
3 NG_d
4 NG_a
5 $NG_{Präp}$
6 NG + *als*
7 Adverb, Pronominaladverb, Adjektivadverb
8 Infinitiv
9 Nebensatz

Ist in Spalte 40 nichts gelocht, kommt Schema 2 für Spalte 41 in Frage.

y attributives Adjektiv vorhanden
x Koordinierung
0 leitet Hauptsatz ein
1 leitet Nebensatz ein
2 koordiniert Satzglieder
3 determiniert Substantiv
4 determiniert Adverb
5 determiniert Verb
6 determiniert Wortgruppe oder Satz
7 determiniert substantiviertes Adjektiv
9 unabhängig

1.2.3.5 Komposition, Ableitung und Präfigierung

In den Spalten 43-50 wird die Struktur der einzelnen Kompositionsglieder, in Spalte 51 die Ableitungs- bzw. Präfigierungsbasis untersucht; die Spalten 52-66 sind den Affixen vorbehalten.

In Spalte 43/44 wurde das erste, in Spalte 45/46 das zweite, in Spalte 47/48 das dritte und in Spalte 49/50 das letzte Glied eines Kompositums bestimmt. Für alle Spaltenkombinationen konnte die gleiche Verschlüsselung benutzt werden.
Bei Komposita, die mehr als zwei Glieder haben, wurde der Haupteinschnitt als Überloch x auf der zweiten Ziffer des Gliedes vor dem Einschnitt verzeichnet, z.B.

x
Atomenergiekommission = 00 10 15

Liegt der Einschnitt auf einem nicht verzeichneten Glied (bei fünf- und mehrgliedrigen Komposita, wurde x in Spalte 49 gelocht.

Jedes Kompositionsglied wurde nach drei Gesichtspunkten analysiert:
(1) nach seinem formalen Bau, d.h. danach, ob es ein Simplex (w), eine Ableitung (w + s), eine Präfigierung (p + w), eine Wortgruppe (WG) usw. ist,
(2) nach der Wortart (in der Liste als Index zu den Strukturtypen verzeichnet),
(3) nach Fugenmerkmalen.
(Weitere Erläuterungen dieser Klassifizierung werden in 3.3.2 gegeben.)

00 w_S
01 w_S + *e/o*
02 w_S + *(e)n*
03 w_S + *er*
04 w_S + *(e)s*
05 $(p + w)_S$
06 $(p + w)_S$ + *e/o*
07 $(p + w)_S$ + *(e)n*
08 $(p + w)_S$ + *er*
09 $(p + w)_S$ + *(e)s*
10 $(w + s)_S$
11 $(w + s)_S$ + *e/o*
12 $(w + s)_S$ + *(e)n*
13 $(w + s)_S$ + *er*
14 $(w + s)_S$ + *(e)s*
15 $(p + w + s)_S$
16 $(p + w + s)_S$ + *e/o*
17 $(p + w + s)_S$ + *(e)n*
18 $(p + w + s)_S$ + *er*
19 $(p + w + s)_S$ + *(e)s*
20 w_E
21 w_E + *e/o*
22 w_E + *(e)n*
23 w_E + *er*
24 w_E + *(e)s*
29 verkürzter St_S
30 w_V
31 w_V + Fuge
32 $(p + w)_V$
33 $(p + w)_V$ + Fuge

34 $St_{Part\ I}$
35 $St_{Part\ I}$ + Fuge
36 $St_{Part\ II}$
37 $St_{Part\ II}$ + Fuge
40 w_{Adj}
41 w_{Adj} + Fuge
42 $(p + w)_{Adj}$
43 $(p + w)_{Adj}$ + Fuge
44 $(w + s)_{Adj}$
45 $(w + s)_{Adj}$ + Fuge
46 $(p + w + s)_{Adj}$
47 $(p + w + s)_{Adj}$ + Fuge
48 verkürzter St_{Adj}
50 St_{Adv}, $St_{Präp}$
52 St_{Pron}, St_{Art}
53 St_{Z}
54 St_{Konj}
55 St_{Interj}
56 Satz
57 WG
60 Abk
69 Kunstwort
70 unselbständiger St
79 Sonstiges

Die Spalte 51 ist den Ableitungen und Präfigierungen vorbehalten. Sie enthält Angaben über die Ableitungs- bzw. Präfigierungsbasis (vgl. 3.4.1).

x indifferente Wurzel
0 Substantiv
1 Eigenname
2 Adjektiv

3 Präposition, Konjunktion
4 Wortgruppe, Satz
5 Verb
6 Adverb
7 Pronomen, Artikel
8 Interjektion, Zahlwort
9 Abkürzung

In den Spalten 52-66 werden die Affixe von Ableitungen, Präfigierungen, Komposita und Wortgruppen registriert, und zwar in den Spalten 52-56 die Präfixe, in den übrigen Spalten die Suffixe.

In Spalte 52 wurde das erste, in Spalte 53 das zweite, in Spalte 54 das dritte, in Spalte 55 das vierte und in Spalte 56 das letzte Präfix gelocht. Eine so hohe Spaltenzahl war nötig, da auch die in Wortgruppen auftretenden Präfixe erfaßt werden sollten.

x *erz-*
0 *be-*
1 *ent-, ant-, emp-*
2 *er-*
3 *ge-*
4 *miß-*
5 *un-*
6 *ur-*
7 *ver-*
8 *zer-*
9 fremdsprachiges Präfix

Da die Anzahl der Suffixe erheblich höher ist als die der Präfixe, mußte hier eine Kombination von jeweils zwei Spalten vorgesehen werden. In den Spalten 57/58 wurde das erste, in den Spalten 59/60 das zweite, in den Spalten 61/62 das dritte, in den Spalten 63/64 das vierte und in den Spalten 65/66 das letzte Suffix gelocht. Die Wortartzugehörigkeit, Genus- und Herkunftsbezeichnungen wurden nur dann vermerkt, wenn Überschneidungen oder Mißverständnisse zu befürchten waren. Da einige Suffixe im Laufe der Exzerption zusätzlich aufgenommen wurden, konnte die alphabetische Reihenfolge nicht aufrecht erhalten werden.

00 Ableitung ohne Suffixe (S oder V)

01 *-age*

02 *-al*$_S$, *-al*$_{Adj}$

03 *-ant*$_S$, *-ant*$_{Adj}$

04 *-anz*

05 *-ar*$_S$, *-ar*$_{Adj}$

06 *-är*$_S$ (m. und n.), *-är*$_{Adj}$

07 *-artig*

08 *-aster*

09 *-(at)ion*

10 *-at* (n.)

11 *-bar*

12 *-berger*

13 *-bold*

14 *-chen*

15 *-e* (f.)

16 *-e* (m. und n.)

17 *-ei*

18 *-el*$_S$

19 *-elei*

20 *-ell*

21 *-el[n]*

22 *-en*$_{Adj}$

23 *-end*$_S$

24 *-ens*$_{Adv}$

25 *-ent*$_S$, *-ent*$_{Adj}$

26 *-enz*

27 *-er*

28 *-erlei*

29 *-er[n]*$_V$, *-ern*$_{Adj}$

30 -*(e)s*$_{\mathrm{Adv}}$

31 -*esk*

32 -*ette*

33 -*eur*

34 -*fach*

35 -*fizier[en]*

36 -*fältig*

37 -*förmig*

38 -*haft*

39 -*haltig*

40 -*hans*

41 -*heit*

42 -*huber*

43 -*ian*

44 -*ie*

45 -*ien*$_{\mathrm{S}}$

46 -*ier*

47 -*ier[en]*

48 -*ig*$_{\mathrm{Adj}}$

49 -*ik* (f., m. und n.)

50 -*ikus*,-*iker*

51 -*in*

52 -*ing* (engl.)

53 -*isch*

54 -*ismus*

55 -*ist*

56 -*ig[en]*$_{\mathrm{V}}$

57 -*it*

58 -*ität*

59 -*iter*

60 -*ium*

61 -*keit*

62 -*lein*

63 -*ler*

64 -*lich*

65 -*ling*

66 -*los*

67 -*maßen*

68 -*mäßig*

69 -*meier*

70 -*ner*

71 -*nis*

72 -*os*,-*ös*

73 -*rich*

74 -*sal*

75 -*sam*

76 -*sch*

77 -*schaft*

78 -*sel*

79 -*st*,-*t*

80 -(*a*)*tisch*

81 -*tum*

82 -*ung*

83 -*wärts*

84 -*weise*

85 -*esisch*

86 -*ianisch*

87 -*tekisch*

88 -*seits*

89 -*ianer*

90 -*i*

91 $-iv_S$, $-iv_{Adj}$

92 *-or*

93 *-ur*

94 *-de*, *-te* (f.)

95 -(*i*)*ade*

96 *-ia*

97 sonstige Substantivsuffixe

98 sonstige Adjektivsuffixe

99 sonstige Adverbialsuffixe

1.2.3.6 Transformationen (Spalte 67/68)

In den Spalten 67/68 wurden die Transformationsmöglichkeiten für Komposita, Ableitungen, Präfigierungen und Wortgruppen verzeichnet; Simplizia und Abkürzungen konnten als grundsätzlich nichttransformierbar unberücksichtigt bleiben. (Zur Erläuterung des Begriffs vgl. 3.3.3).
Auch unter den grundsätzlich transformierbaren Strukturtypen mußte mit Belegen gerechnet werden, die sich in keine andere Konstruktion umwandeln lassen. Diese Belege wurden in 00 zusammengefaßt. Einige Transformationstypen können nur Wortgruppen, andere nur Komposita oder Ableitungen bzw. Präfigierungen als Ausgangspunkt haben.

01 betrifft Wortgruppen, die sich in ein Kompositum transformieren lassen.

02-19 betrifft vor allem Komposita, die sich in Wortgruppen transformieren lassen, aber auch Wortgruppen, die sich in andere Wortgruppen transformieren lassen.

20-24 betrifft Transformationen des Verbs oder Transformationen in ein Verb.

29-47 und 53 betrifft Transformationen des Adjektivs oder Transformationen in ein Adjektiv.

50 betrifft die Transformation in ein Adverb, 51 die Transformation in eine Präposition, 52 die Transformation in eine Konjunktion.

26, 27, 48, 54 und 55 gelten für mehrere Wort-

arten und Strukturtypen.
Dem Zusammentreffen mehrerer Transformationsmöglichkeiten mußte Rechnung getragen werden. Schrägstrich bedeutet alternative Anwendbarkeit, runde Klammern bedeuten potentielle Anwendbarkeit[3].
Unter 09, 12, 19 und 21 wurden jeweils zwei sich ähnelnde Transformationen zusammengefaßt.

00	nicht transformierbar
01	K
02	Adj + S
03	NG + NG + *betreffend*
04	App + S
05	NG + NG_g
06	NG + $NG_{Präp}$
07	NG + NS
08	NG + Inf
09	NG + *und* + NG, NG + *als* + NG
10	Adj + S / NG + NG_g
11	Adj + S / NG + $NG_{Präp}$
12	NG + Präp + NG + *und* + NG, NG + $NG_{Präp}$ + $NG_{Präp}$
13	NG + NG_g / NG + $NG_{Präp}$
14	NG + NG_g / NG + NS
15	NG + NG_g / NG + Inf
16	NG + Inf / NG + NS
17	NG + $NG_{Präp}$/ NG + Inf
18	NG + $NG_{Präp}$/ NG + NS
19	NG + *wie* (+ Präp) + NG
20	V
21	V + $NG_{(Präp)}$
22	Inf
23	NS
24	*kann* + Inf_{pass}
26	Reihenfolge der Glieder vertauschbar
27	Kompositionsglied
29	*als* + NG
30	Adj
31	Adj + Adj
32	Adv + Adj
33	*wie* + NG

34 *wie* + Präp + NG
35 Adj + *wie* + NG
36 Adj + *wie* + Präp + NG
37 Adj + NG_g
38 Adj + NG_d
39 Adj + NG_a
40 Adj + $NG_{Präp}$
41 NG_n
42 NG_g
43 $NG_{Präp}$
44 NG_d
45 NG_a
46 NG_g / $NG_{Präp}$
47 Adj + Inf
48 ein Glied weglaßbar
50 Adv
51 Präp
52 Konj
53 Adj + *betreffend* + NG
54 NG + *betreffend*
55 Sonstiges

1.2.3.7 Textart, Sachgebiet (Spalte 69-71)

Spalte 69 gibt Auskunft über die Art des Textes, in dem ein Beleg gefunden wurde.

R Texte, die nicht aus Zeitungen und Zeitschriften stammen
x Übersetzung
0 Inlandsbericht
1 Auslandsbericht
2 Aufsatz, Essay
3 Leserbrief
4 Rede in schriftlicher Wiedergabe
5 Interview
6 Feuilleton
7 offizielle Erklärung
8 Kurztext
9 Anzeige

Als Bericht galten alle nicht gezeichneten, als Aufsatz alle gezeichneten Artikel. Inlands- und Auslandsberichte wurden unterschieden, weil es sich bei Auslandsberichten um Übersetzungen bzw. Berichte ausländischer Verfasser handeln konnte.

Die Anordnung der Spalten 69-71 ist hierarchisch: Spalte 70 hängt von Spalte 69 ab, Spalte 71 von Spalte 70. Ist in Spalte 69 eine der Textarten 0-5 gelocht, dann gilt für Spalte 70 das 1. Schema (70.1), ist Feuilleton gelocht, gilt das Schema 70.2, für offizielle Erklärungen gilt 70.3, für Kurztexte 70.4, für Anzeigen 70.5.
Während Spalte 70.1 eine Aufgliederung nach Sachgebieten darstellt, die in Spalte 71 noch spezifiziert wird, enthalten die Spalten 70.2 - 70.5 nur eine genauere Differenzierung der Textart.
Die Einteilung in Sachgebiete war für die speziellen Zwecke der Untersuchung zugeschnitten; sie entstand in Anlehnung an die Kurzausgabe der vom Deutschen Normenausschuß herausgegebenen Dezimalklassifikation. Allerdings ist die hier verwendete Einteilung gegenüber der Dezimalklassifikation stark vereinfacht. So konnte die dekadische Gliederung, in der jede Ziffer ein Untergebiet zur vorangehenden Ziffer angibt, nicht eingehalten werden, da 100 Lochstellen auf 7 Bereiche verteilt werden mußten, die selbst noch stark untergliedert waren.
Die letzte Lochung in jedem Bereich (09, 19, 29 ..., 64 usw.) wurde für Fälle offengehalten, die sich in keine der aufgeführten Gruppen einordnen ließen. Dadurch wurde eine allzu starre Schematisierung vermieden.

Spalte 70.1/71

x (Spalte 70) Zitat
x (Spalte 71) Biografie

00	Soziales Leben	Allgemeines
01		Bevölkerung
02		Familie
03		Rechtswesen
04		Erziehung
05		Haushalt, Gastronomie
06		Gesundheit, Unfälle
07		Körperpflege, Kosmetik

08		Mode
09		Sonstiges
10	Politik	Allgemeine Lage
11		Innenpolitik
12		Wirtschaftspolitik (Inland, Ausland)
13		Kulturpolitik (Inland, Ausland)
14		Außenpolitik
15		Militärwesen
16		Kommunalpolitik
17		Parteien, Organisationen
18		
19		Sonstiges
20	Wirtschaft	Organisation, Allgemeines
21		Land- und Forstwirtschaft
22		Gewerbe, Handwerk
23		Handel
24		Werbung
25		Finanzwesen
26		Verkehrswesen
27		Stadtplanung, Wohnungswesen
28		Post
29		Sonstiges
30	Technik	Allgemeines
31		Bergbau
32		Hüttenwesen
33		Bauwesen
34		Maschinenbau
35		Elektrotechnik, Fernmeldewesen
36		Flug- und Raketentechnik
37		Meß- und Regeltechnik, Kybernetik
38		Film- und Kinotechnik
39		Druck und Papier, Bürotechnik
40		Textiltechnik
41		Verkehrstechnik
42		Feinmechanik
43		Heizungs- und Kältetechnik
44		Glas und Keramik
45		Holz
46		Leder
47		Kunststoffe
48		Handwerk, Werkzeug
49		Sonstiges
50	Wissenschaft	Allgemeines, Wissenschaftsgeschichte

51		Philosophie
52		Theologie
53		Psychologie
54		Soziologie, Völkerkunde, Geschichte
55		Medizin
56		Linguistik, Philologie
57		Geografie
58		Mathematik
59		Physik, Kernphysik
60		Chemie
61		Biologie
62		Astronomie
63		Geologie, Mineralogie
64		Sonstiges
65	Sport	Allgemeines
66		Leichtathletik
67		Schwerathletik
68		Turnen, Gymnastik
69		Ballspiele
70		Fechten
71		Wassersport
72		Wintersport
73		Rad- und Rollschuhsport
74		Schießsport
75		Motor- und Flugsport
76		Pferdesport
77		Bergsteigen, Wandern
78		Spiele, Rätsel
79		Sonstiges
80	Kunst	Allgemeines
81		Musik
82		Malerei, Bildhauerei, Grafik
83		Kunstgewerbe
84		Architektur
85		Literatur, Presse
86		Theater, Film, Rundfunk, Fernsehen
87		Tanz
88		Fotografie

Spalte 70.2 (Feuilletonarten)

x	Zitat
0	Roman
1	Erzählung

2 Tatsachenroman, Tatsachenerzählung, Reisebeschreibung
3 Dialog
4 Satire
5 Witz
8 Lyrik
9 Sonstiges

Spalte 70.3 (Offizielle Erklärungen)

x Zitat
1 Memorandum
2 Regierungserklärung
3 Botschaft
4 Brief eines Staatsmannes
9 Sonstiges

Spalte 70.4 (Kurztexte)

x Zitat
1 Überschrift (einschließlich Schlagzeilen, Zwischentitel, Untertitel)
2 Tabelle
3 Bildunterschrift
4 Text innerhalb einer grafischen Darstellung
5 Telegramm
6 Wetterbericht
7 Horoskop
8 Programm
9 Kurzmeldung

Spalte 70.5 (Anzeigen)

x Zitat
1 Werbung
2 Stellenangebot
3 Stellengesuch
4 An- und Verkauf, Wohnungs- und Tauschanzeigen
5 Geburt, Hochzeit
6 Trauerfälle
7 Veranstaltungen
8 Heiratsvermittlung
9 Sonstiges

1.2.3.8 Anwendungsbereich des Belegs (Spalte 72/73)

Während in den Spalten 70/71 das Sachgebiet des größeren Textzusammenhangs angegeben wurde, hier der unmittelbare Kontext des Belegs charakterisiert. Kennzeichnungen wurden nur vorgenommen, wenn eindeutige Angaben möglich waren und wenn diese Angaben sich nicht mit denen der vorhergehenden Spalten deckten.

R keine Kennzeichnung
00 neutral
01 Haushalt
02 Sozialwesen
03 Recht
04 Erziehung
05 Sport
06 Gesundheitswesen
07 Kosmetik
08 Spiel
10 Politik
15 Militär
20 Wirtschaft
21 Landwirtschaft, Gartenbau, Forstwirtschaft , Fischerei
25 Finanzwesen
26 Verkehrswesen
27 Mode
28 Post
30 Technik
31 Musik
32 bildende Kunst
33 Bauwesen
35 Literatur, Presse
36 Theater, Film, Rundfunk, Fernsehen
37 Tanz
39 Wissenschaft, allgemein
40 Chemie
41 Philosophie
42 Theologie, Religion
43 Psychologie, Soziologie
44 Physik
45 Medizin, Biologie
46 Linguistik, Philologie
47 Geographie, Mineralogie

48 Mathematik, Astronomie
49 Sonstiges

1.2.3.9 Art der Neuprägung (Spalte 74/75)

Der Begriff "Neuprägung" faßt Neubildung und älteres Sprachgut in neuer Bedeutung oder Verwendung zusammen (zur Definition der einzelnen Typen vgl. 2). Für Entlehnungen aus Mundarten und für lautmalende Neubildungen fanden sich keine Belege.

01 alte Wörter und Wortgruppen in neuer Bedeutung
02 Neubildungen (neue Wörter)
04 Neubildungen (neue Wortgruppen)
05 ungewöhnliche grammatische Verwendung
06 neue bildliche oder übertragene Verwendung
08 Wiederaufnahme veralteter Wörter und Wortgruppen
09 Neuentlehnungen aus fremden Sprachen
10 Entlehnungen aus Mundarten
11 Lehnübersetzungen, Lehnübertragungen
12 Mischbildungen
13 Umschreibungen
14 Klammerbildungen
15 Wortspiele, Verballhornungen
17 lautmalende Bildungen
18 Analogiebildungen, antithetische Bildungen
19 Kurzwörter, Kurzformen
20 Kunstwörter
21 Zusammenrückungen
22 Streckformen
23 Präzisierungen
24 Überpräzisierungen
25 Gruppensubstantivierungen, elliptische Wortgruppen
30 Abkürzungen, Typ EWG
31 Abkürzungen, Typ UNO
32 Abkürzungen, Typ Kombi
33 Abkürzungen, Typ Trafo
34 Abkürzungen, Typ Krad, Fleurop
36 Abkürzungen, Typ care
37 Abkürzungen, Typ Interflug
38 sonstige Abkürzungen

1.2.3.10 Stilfärbung und Stilschicht (Spalte 76-78)

Während in den Spalten für die Stilfärbung (76/77)

eine besondere Absicht des Sprechers oder der unbeabsichtigte Effekt einer Äußerung erfaßt werden soll, leiten sich die Angaben über die Stilschicht (Spalte 78) hauptsächlich von der Sprech- bzw. Schreibsituation her.
In den Spalten 76/77 wurde außerdem auf den Schlagwortcharakter oder die besondere Aktualität eines Belegs hingewiesen.

R Sonstiges
x (in Spalte 76) Schlagwort oder besonders aktuell
x (in Spalte 77) altertümlich
00 neutral
02 eindringlich, veranschaulichend
04 scherzhaft/ironisch
07 euphemistisch (verhüllend,übertrieben)
09 steif, umständlich
10 kurz, knapp
13 abwertend
20 amtsdeutsch

Neben den Angaben über die Stilschicht wurden in Spalte 78 Regionalismen sowie typisch ostdeutscher und typisch westdeutscher Sprachgebrauch verzeichnet.

R schwer einzuordnen
x regional
0 normal
1 umgangssprachlich
2 vulgär
3 gehoben
4 poetisch
5 Jargon
6 Kindersprache
7 mundartlich
8 westlich
9 östlich

1.3. Schwerpunkte bei der Auswertung

Nicht alle Gesichtspunkte, die der Verschlüsselung zugrunde liegen, konnten bei der Auswertung berücksichtigt werden. Das gelochte und tabellierte Material steht jedoch für weitere Unter-

suchungen zur Verfügung. Bisher nicht ausgewertet sind die rein morphologischen Angaben, wie z.B. der Gebrauch der Flexionsendungen, die syntaktischen, die stilistischen Merkmale und die Angaben über die Sachgebiete, in denen der Beleg auftrat. Hier ließe sich z.B. die Verteilung der Wortbildungstypen auf verschiedene Textarten und Sachgebiete u.ä. feststellen.
Bei der Auswertung des gelochten und tabellierten Materials stand die Darstellung der Art der Neuprägung und der Wortbildungstypen im Mittelpunkt. Dazu gehören die Verteilung der Wortbildungstypen auf die einzelnen Wortarten, die Erfassung der Wortbildungsmittel (Prä- und Suffixe), die Verteilung der Prä- und Suffixe auf die einzelnen Wortbildungstypen, die Feststellung der auftretenden Affix-Kombinationen und die Klassifizierung nach Transformationstypen. Bei der Beschreibung der Strukturtypen mußten in einigen Fällen Spezifizierungen der verschlüsselten Merkmale vorgenommen werden. So war es notwendig, die Ableitungsbasis und die Affixtypen stärker zu differenzieren und - bei mehrfach abgeleiteten Wörtern - eine hierarchische Darstellungsweise einzuführen.

2 WEGE ZUR ERWEITERUNG DES WORTBESTANDES IM GEGENWÄRTIGEN DEUTSCH

In diesem Teil der Untersuchung sollen allgemeine, bei der Erweiterung des Wortbestandes wirksame Tendenzen - soweit sie sich an dem gesammelten Material ablesen lassen - dargestellt werden, so die Tendenz zur Zusammenziehung und Kürzung (2.1.3), die entgegengesetzte Tendenz zur Erweiterung (2.1.4), die Tendenz zur Übernahme und Verarbeitung fremden Wortguts (2.1.8, 2.1.9 und 2.2.1), zur künstlichen Wortschöpfung (2.1.10) und anderes mehr.

Verschiedene Gesichtspunkte spielen bei einer solchen, an Begriffen der traditionellen Grammatik orientierten Klassifizierung eine Rolle. Kennzeichnungen wie "Lehnübersetzung", "Lehnübertragung", "Neuentlehnung" beziehen sich auf die Herkunft des Belegs, "Klammerbildung", "Kurzwort", "Abkürzung" auf formale Eigenschaften, "Wortspiel", "Umschreibung", "antithetische Bildung" vorwiegend auf inhaltliche und "bildliche" oder "übertragene Verwendung" vorwiegend auf stilistische Merkmale des Belegs. Da also diese Klassifizierung nicht auf distinktiven Merkmalen der Belege beruht, mußten Überschneidungen in Kauf genommen werden; so kann eine Entlehnung gleichzeitig ein Kunstwort oder eine Abkürzung, eine Klammerbildung gleichzeitig eine Lehnübersetzung usw. sein. Es wurde versucht, dem jeweils aufschlußreichsten Merkmal den Vorrang zu geben. Auf Häufigkeitsangaben mußte unter diesen Umständen verzichtet werden. Ost- und westdeutscher Sprachgebrauch läßt sich an den Stellenangaben ablesen; nur in besonderen Fällen, wie in 2.2.3, wurde nach diesem Gesichtspunkt untergliedert.

Die Einteilung in "Neubildung", "neu verwendete alte Wörter und Wortgruppen" und "erneut verwendete veraltete Wörter und Wortgruppen" beruht auf der spezifischen Aufgabenstellung der Untersuchung, wie sie im Vorwort und in der Einleitung skizziert wurde. Zum Begriff "neu" sind die in 1.1.3 gemachten Einschränkungen zu beachten.

Stellenangaben - vor jedem Beispiel - werden verschlüsselt wiedergegeben; die Auflösung ist in 1.2.2 zu finden. Die Anzahl der zitierten Belege spiegelt nicht das Zahlenverhältnis zwischen den einzelnen Gruppen wider. Die Belege wurden der besseren Überschaubarkeit wegen nach Gesichtspunkten untergliedert, die den einzelnen Prägungstypen angemessen schienen.

2.1 Neubildungen

Es handelt sich hier sowohl um Bezeichnungen neuer Gegenstände - Dinge, Sachverhalte, Vorgänge usw. - wie um Neubenennung vorhandener Gegenstände (vgl. 1.0).

2.1.1 Neue Wörter, sofern sie nicht die unter 2.1.3 bis 2.1.10 genannten Besonderheiten aufweisen

Beispiele:

Sach- und Stoffbezeichnungen

373 06	*Abwehrrakete*
145 03	*Amphibienpanzer*
923 22	*Autoboot*
925 49	*Autoradio*
254 12	*Bildschirm*
254 26	*Breitwandfilm*
923 30	*Buchungsautomat*
814 47	*Diktiergerät*
925 33	*Elektronenblitz*
826 17	*Elektrorasierer*
923 25	*Etuikleid*
26 13	*Fernsehgerät*
605 01	*Fernsehkamera*
430 01	*Fernsehschirm*
254 05	*Kettenladen*
814 91	*Klarsichtfolie*
143 16	*Leitplanke*
923 24	*Liegesitz*
254 10	*Massagemaschine*
815 71	*Mittelstreckenrakete*
528 01	*Mondrakete*
891 03	*Nylondraht*
373 30	*Ölheizung*

873	39	*Perlonspitze*
914	58	*Perlontuch*
923	38	*Plastikfolie*
016	01	*Plastiksprengkörper*
923	22	*Plattenwechsler*
815	95	*Raketentriebwerk*
254	14	*Reinigungsautomat*
254	14	*Schaumstoff*
373	38	*Scheibenbremse*
815	09	*Schutzfolie*
254	21	*Schwedenliege*
826	58	*Sicherheitsgurt*
885	58	*Temperaturregler*
914	86	*Teppichboden*
885	02	*Tiefkühlgerät*
826	68	*Trägerrakete*
254	09	*Trevira-Anzug*
815	09	*Trockenkopiergerät*
923	21	*Vierspurgerät*
826	17	*Wabenklinge*
605	05	*Warmhaltepackung*
528	01	*Webautomat*
373	08	*Weltraumschiff*

Personenbezeichnungen

Titel, Berufe

016	03	*Bundesvertriebenenminister*
605	01	*Fernsehansagerin*
744	06	*Funktaxifahrer*
26	11	*Gemeinschaftskundler*[4]
528	05	*Genossenschaftsbauer*[4]
528	03	*Genossenschaftsbäuerin*[4]
430	16	*Kulturfunktionär*
744	06	*Locherin*
906	48	*Neulehrer*
437	15	*Pionierleiter*
814	44	*Programmierer*
749	05	*Raumpflegerin*
527	08	*Schweinemeisterin*
527	01	*Schweißerbrigadier*
923	10	*Staatstrainer*
744	06	*Taxenfahrerin*
744	06	*Verkaufsfahrer*

437	11	*Viehzuchtbrigadier*
778	01	*Volkspolizist*
527	02	*Volksrichter*

sonstige Personenbezeichnungen

527	02	*Atomwaffengegner*
923	27	*Berlinbesucher*
26	34	*FDJler*
923	03	*Gastarbeiter*
430	24	*Grenzgänger*
016	03	*Heimatvertriebener*
925	28	*Mopedfahrer*
930	66	*Mopedler*
437	02	*Nationalpreisträger*
906	48	*Neusiedler*
815	25	*Spätheimkehrer*
26	03	*Stalinist*

Institutionen, Behörden, Organisationen u.ä.

145	17	*Bundesausgleichsamt*
605	02	*Fernsehgesellschaft*
530	02	*Friedensrat*
527	12	*Jugendbrigade*
813	41	*Kulturbund*
437	15	*Patenbetrieb*
043	03	*Volkspolizei*
143	04	*Zentralkomitee*

Veranstaltungen

254	12	*Abendschau*
016	04	*Abrüstungskonferenz*
527	12	*Arbeiterfestspiele*
815	65	*Bundesgartenschau*
605	01	*Fernsehlotterie*
923	42	*Fernsehsendung*
529	03	*Friedensfahrt*
744	03	*Heimkehrer-Treffen*
437	07	*Parteilehrjahr*
261	05	*Werbefernsehen*

Einrichtungen, Verfügungen, Gesetze u.ä.

254	23	*Brecht-Archiv*
016	03	*Entwicklungshilfe*

528 03 *Erholungszentrum*
373 25 *Familienplanung*
016 04 *Feierschicht*
143 09 *Filmhilfegesetz*
373 39 *Fünftagewoche*
749 09 *Fußgängerüberweg*
527 03 *Grundwehrdienst*
826 26 *Hallstein-Doktrin*
373 02 *Interzonenhandel*
016 03 *Lastenausgleich*
254 06 *Lastenausgleichsgesetz*
826 22 *Leninfriedenspreis*
373 15 *Meinungsbefragung*
813 42 *Nationalpreis*
749 05 *Notaufnahmelager*
254 02 *Notstandsplanung*
527 04 *Pionierpark*
527 06 *Produktionsaufgebot*
815 90 *Röhren-Embargo*
829 05 *Strahlenschutz*
923 03 *Telefonseelsorge*
373 37 *Unfallforschung*

Sachverhalte, Wirkungen, Vorgänge u.ä.

891 07 *Automobildichte*
254 07 *Bandscheibenschaden*
826 11 *Bildstörung*
930 66 *Blechschaden*
26 13 *Buh-Rufe*
04 04 *Entstalinisierung*
26 02 *Entstalinisierungskampagne*
530 02 *Erdumkreisung*
925 50 *Fahreigenschaft*
814 30 *Freizeitgestaltung*
744 12 *Friedensstrategie*
26 18 *Infrastruktur*
016 04 *Kernwaffenversuch*
261 04 *Lärmpegel*
885 12 *Massenkonsum*
430 18 *Neofaschismus*
430 18 *Neomilitarismus*
528 02 *Refaschisierung*
814 48 *Strukturpolitik*
923 11 *Überbeschäftigung*

923 11 *Überkonjunktur*
254 06 *Vertreibungsschaden*
016 01 *Wettbewerbsfähigkeit*

Eigenschafts- und Farbbezeichnungen

016 01 *atomar*
925 22 *fernbeheizt*
528 01 *gesamtdeutsch*
923 22 *halbautomatisch*
826 49 *nikotinarm*
143 04 *nuklear*
437 07 *parteischädlich*
814 48 *planwirtschaftlich*
04 04 *stalinistisch*
749 09 *unfallfrei*
815 86 *volkseigen*
929 28 *cherryrot*
929 28 *whiskybraun*

Tätigkeitsbezeichnungen

925 26 *abwohnen*
906 63 *anfunken*
930 28 *anhaltern*
906 60 *anzielen*
814 33 *automatisieren*
043 10 *bespielen*
814 47 *bestreiken*
26 13 *buhen*
373 01 *wettrüsten*

2.1.2 Neue Wortgruppen, sofern sie nicht die unter 2.1.3 bis 2.1.10 genannten Besonderheiten aufweisen

Beispiele:

Sach- und Warenbezeichnungen

826 07 *Braun Sixtant* (elektrischer Rasierapparat)
749 09 *Fort 17 M Kombi*
749 09 *Mercedes 220 S*
605 14 *Sport BMW*
873 02 *Touring T 30 Automatic* (Kofferradio)
814 46 *Univac 1* (Elektronenrechner)

Personenbezeichnungen

527 02	*westdeutscher Machthaber*
527 04	*verdiente Meisterin des Sports*

Institutionen, Organisationen

016 03	*Atlantische Allianz*
999 43	*Nationale Front des demokratischen Deutschland*
26 34	*GO Thälmann*
26 32	*Grundorganisation Thälmann*
528 06	*Gruppe 61*
813 41	*Freie Deutsche Jugend*
527 12	*Jugendbrigade Schiffsfunk*
528 06	*Rat der Rentner*
527 12	*SC Empor Rostock*
990 27	*Staatsrat der Deutschen Demokratischen Republik*

Veranstaltungen

873 03	*Aktion "Besser und schöner wohnen"*
873 03	*Aktion "Junge Familie"*
527 12	*Nationales Aufbauwerk*
744 08	*Berlinale 1963*
923 29	*Ständige Konferenz der Kultusminister*
923 38	*Europäische Postkonferenz*
528 05	*Produktionsaufgebot 1962*
990 51	*Zirkel "Schreibender Arbeiter"*

Einrichtungen

528 01	*volkseigener Betrieb*
528 06	*Büro guter Dienste*
605 03	*Bayerisches Fernsehen*
26 35	*Zweites Deutsches Fernsehen*
527 04	*Haus des Kindes*
527 03	*HO Industriewaren*
16 01	*gemeinsamer Markt*
26 18	*dynamische Rente*
923 29	*Deutsches Studentenwerk*
814 33	*automatische Transferstraße*
528 02	*VEB Energieprojektierung Berlin*
991 71	*VEB Schwermaschinenbau*

Festgewordene Bezeichnungen bestimmter Sachverhalte

527 02	*sozialistische Arbeitsteilung*
527 01	*siegreicher Aufbau des Sozialismus*

873 60	*natürliche Geburtenkontrolle*
990 20	*europäische Integration*
814 48	*soziale Marktwirtschaft*
016 03	*Minderung der Erwerbsfähigkeit*
373 01	*Nichtanerkennung der Zonenregierung*
100 00	*Stopp der Kernwaffenversuche*
744 09	*absurdes Theater*
923 35	*innerdeutscher Verkehr*
04 04	*friedlicher Wettstreit der Systeme*

2.1.3 Zusammenziehungen, Kürzungen

2.1.3.1 Zusammenrückungen

Der Begriff umfaßt hier Komposita und Wortgruppen.

Beispiele:

(1) Komposita, die für eine längere syntaktische Konstruktion stehen

Bedeutungsunterschiede zwischen der kürzeren und der längeren Form sind nicht ganz auszuschließen; im allgemeinen enthält die längere Form mehr Information, da die Relation zwischen den Teilen spezifiziert ist, während die kürzere Form oft mehrere Interpretationsmöglichkeiten zuläßt.

Die Beispiele sind nach der Wortart geordnet und nach Ausgangstypen unterteilt.

Substantive

527 08	*Sozialismus-Kommunismus* (Sozialismus und Kommunismus)
373 26	*Techniker-Kaufmann* (Techniker und Kaufmann)
527 12	*Amateur-Artist* (Amateur als Artist)
892 05	*Kosmonautenkamerad* (Kamerad als Kosmonaut)
826 62	*Liz-Cleopatra* (Liz als Cleopatra; Elizabeth Taylor in der Rolle der Cleopatra)
744 10	*Trainer-Kollege* (Kollege als Trainer)
826 12	*400-Kilometer-Straßenbau* (Bau einer 400 Kilometer (langen) Straße)
143 06	*Bundeswehr-Düsenjäger* (Düsenjäger der Bundeswehr)
26 16	*DDR-Bewohner* (Bewohner der DDR)
891 09	*Junioren-Vierer* (Vierer der Junioren)
26 01	*Präsidentenreise* (Reise des Präsidenten)
813 42	*SED-Parole* (Parole der SED)
26 03	*SED-Politbüro* (Politbüro der SED)

744 04 *"Stahlnetz"-Regisseur* (Regisseur des (Films) "Stahlnetz")
923 28 *Südhanglage* (Lage am Südhang)
826 13 *Wettfahrtkonkurrent* (Konkurrent bei der Wettfahrt)
923 40 *15-Tage-Herbst-Sonderflugreise* (Herbst-Sonderflugreise für 15 Tage)
891 08 *Jahresgarantie* (Garantie für ein Jahr)
26 03 *Ostblockparteiführer* (Parteiführer im (des) Ostblock(s))
891 08 *Hochschrankschlafzimmer* (Schlafzimmer mit einem Hochschrank)
143 16 *Leitplankenstrecke* (Strecke mit Leitplanken)
923 10 *100-Kilometer-Mannschaftsrennen* (Mannschaftsrennen über 100 Kilometer)
826 12 *Importwhisky-Konsum* (Konsum von Importwhisky)
605 06 *Radio-Bree-Kundendienst* (Kundendienst von Radio-Bree)
527 06 *Radio-DDR-Hörbericht* (Hörbericht von Radio DDR)

885 60 *Frühling-Sommer-Katalog* (Katalog für Frühling und Sommer)
873 46 *Vitamin-Mineral-Tablette* (Tablette mit Vitaminen und Mineral(stoffen))

26 08 *Eisenhower-Jahre* (Jahre, in denen Eisenhower regierte)
826 45 *Leica-Aufnahme* (Aufnahme, die mit einer Leica gemacht wurde)
527 09 *SEATO-Pakistan* (Pakistan, das zur SEATO gehört)

813 40 *Altgenosse* (alter Genosse)
386 06 *Direktflug* (direkter Flug)
145 01 *Geheimstart* (geheimer Start)
437 07 *Grauschnee* (grauer Schnee)
813 41 *Jung-Chemiker* (junger Chemiker)
826 68 *Sowjet-Raumfahrerin* (sowjetische Raumfahrerin)
386 06 *Tiefpreis* (tiefer Preis)
386 08 *Schnellstweg* (schnellster Weg)
386 07 *Tiefstpreis* (tiefster Preis)

Adjektive

430 03 *nichtberufstätig* (nicht berufstätig)
923 37 *schlank-machend* (schlank machend)
527 08 *teilautomatisiert* (teilweise automatisiert)

261 76 *festivalwürdig* (des (eines) Festivals würdig)

815 88 *kurstreu* (dem Kurs treu)
386 05 *vertragsähnlich* (einem Vertrag ähnlich)

891 07 *autoproduzierend* (Autos produzierend)
929 26 *durstfördernd* (den Durst fördernd)
744 01 *haarnährend* (das Haar nährend)

873 39 *revlongepflegt* (mit Revlon-(Kosmetikartikeln) gepflegt)

906 65 *zeitabhängig* (abhängig von der Zeit)
043 14 *eßfertig* (zum Essen fertig)
925 14 *entwöhnungsbereit* (bereit zur Entwöhnung)

(2) Wortgruppen, die für längere oder kompliziertere syntaktische Konstruktionen stehen

Die Beispiele sind nach der Wortartzugehörigkeit der kürzeren Gruppe geordnet (Substantiv-, Adjektiv- und Verbalgruppen) und nach Ausgangstypen unterteilt.

Substantivgruppen

923 22 *Stativwand Kristall* (Stativwand aus Kristall)
26 20 *Kernforschungszentrum Ispra* (Kernforschungszentrum in Ispra)
528 03 *VEB Spezialbau Magdeburg* (VEB Spezialbau in Magdeburg)
04 01 *Begegnung Adenauer - de Gaulle* (Begegnung zwischen Adenauer und de Gaulle)
145 08 *steuerberatender Beruf* (Beruf des Steuerberaters)
04 02 *westalliierte Garnison* (Garnison der westlichen Alliierten)
892 01 *rotchinesische Haltung* (Haltung der Rotchinesen)

923 22 *deutsch-englische Stenosekretärin* (Stenosekretärin für Deutsch und Englisch)
143 11 *agrarpolitisches Benehmen* (Benehmen in der Agrarpolitik)
437 16 *leistungssportliche Betätigung* (Betätigung im Leistungssport)
923 27 *jedbranchige Existenz* (Existenz in jeder Branche)

812 21 *Straußsches Fibag-Verhalten* (Straußsches Verhalten in der Fibag(-Affäre))

26 18 *finanzpolitische Möglichkeit* (Möglichkeit (in) der Finanzpolitik)

929 30 *urzuständliche Welt* (Welt im Urzustand)

929 03 *Bonner Reise* (Reise nach Bonn)

906 65 *schweißtechnisches Kolloquium* (Kolloquium über Schweißtechnik)

04 07 *vorolympische Kraftprobe* (Kraftprobe vor der Olympiade)

143 01 *deutsch-amerikanische Freundschaft* (Freundschaft zwischen Deutschland und Amerika

892 02 *ideologischer Kampf Moskau - Peking* (ideologischer Kampf zwischen Moskau und Peking)

261 35 *unverbaubarer Alpenblick* (Alpenblick, der nicht verbaut werden kann)

04 19 *selbstrückstellender Blinker* (Blinker, der sich selbst zurückstellt)

261 04 *mitverdienenendes Familienmitglied* (Familienmitglied, das mit verdient)

261 67 *anwendungsnahe Forschung* (Forschung, die der Anwendung nahe ist)

261 06 *armeebeherrschtes Ministerium* (Ministerium, das von der Armee beherrscht wird)

925 19 *entwöhnungsentschlossener Raucher* (Raucher, der zur Entwöhnung entschlossen ist)

26 36 *kombinierte See-Flugreise* (Flugreise, die mit einer Seereise kombiniert ist/Seereise, die mit einer Flugreise kombiniert ist)

043 20 *ferngesehener Stoff* (Stoff, der im Fersehen gesehen wurde)

530 04 *millionenfacher Judenmörder* (der millionenfach Juden gemordet hat)

826 40 *fahrtechnisch Mögliches* (das (was) fahrtechnisch möglich ist)

261 66 *eventuell künftiger Parteiwähler* (der eventuell künftig die Partei wählt)

529 04 *souveräner Tabellenführer* (der souverän die Tabelle (an)führt)

Falsch verbundene Substantivgruppen (Typ *reitende Artilleriekaserne*)

Statt auf das Grundwort oder das ganze Kompositum bezieht sich das Adjektiv auf das Bestimmungswort. Diese Bildungen treten verhältnismäßig häufig auf.

261 01 *west-östliche Entspannungspolitik* (Politik der Entspannung zwischen Osten und Westen)

527 05 *deutsche Friedensregelung* (Regelung des deutschen Friedens/Regelung des Friedens mit Deutschland)
826 68 *technisches Hochschuldiplom* (Diplom der Technischen Hochschule)
145 05 *kalte Kriegspolemik* (Polemik des kalten Kriegs)
530 04 *pädagogische Ratssitzung* (Sitzung des Pädagogischen Rats)
261 07 *ideologischer Führungsanspruch* (Anspruch auf ideologische Führung)
826 37 *Berliner Mauerloch* (Loch in der Berliner Mauer)
143 16 *politischer Faktenfilm* (Film über (mit) politische(n) Fakten)
261 02 *soziales Anpassungsprogramm* (Programm zur sozialen Anpassung)

892 04 *nächtliches Fahrverbot* (Verbot, in der Nacht zu fahren)

Adjektivgruppen

527 01 *örtlich geleitet* (am Ort geleitet)
254 25 *rhythmisch abgewogen* (abgewogen im Rhythmus)
261 05 *marxistisch nichtgeschult* (nicht geschult im Marxismus)
914 02 *8 x 4 erfrischt* (mit 8x4(-Kosmetikartikeln) erfrischt)
923 27 *tauschlos frei* (frei ohne Tausch)

Verbalgruppen

043 20 *fernsehend begleiten* (im Fernsehen begleiten)
143 06 *gedanklich vorklären* (in Gedanken vorklären)
437 05 *gerüstlos bauen* (ohne Gerüst bauen)

2.1.3.2 Gruppensubstantivierungen

Mit dieser Bezeichnung ist die Substantivierung von verbalen Wortgruppen und ganzen Sätzen gemeint. Es handelt sich bei den Belegen zum Teil um Gelegenheitsbildungen, zum Teil um gebräuchliche Formen.

Beispiele:

Ausgangsform: Verbalgruppe

04 16	*Aneinandervorbeireden*
929 04	*Geführtwerden*
261 67	*In-die-Tiefe-Arbeiten*
885 27	*Naßliegen*
04 25	*Nur-Schule-halten*
04 11	*Sich-anders-fühlen*
04 13	*Sich-entblößt-sehen*
891 06	*Sichverwandeln*
04 13	*Sich-wohlfühlen*
04 13	*Sich-zeigen*

Ausgangsform: Satz

826 45	*jetzt müßte ich fotografieren können* ("Das 'jetzt müßte ich fotografieren können' gibt es für den Leica-Besitzer nicht mehr")
04 13	*Mir-ist-es-nur-um-die-Sache-zu-tun* ("Dieses Mir-ist-es-nur-um-die-Sache-zu-tun... ist die Maxime des Feigen")

2.1.3.3 Elliptische Wortgruppen

Dazu gehören Substantivgruppen aus zwei koordinierten, meist durch *und* verbundenen Komposita mit gleichlautendem Grundwort, das einmal eingespart wird.
Von dieser Gruppe sind zu unterscheiden - obwohl sie ihr formal ähneln - Verbindungen von koordinierter Wortgruppe mit substantivischem Grundwort, z.B. *Arbeiter- und-Bauern-Staat*. *Arbeiter-und-Bauern-Staat* läßt sich nicht in *Arbeiterstaat* und *Bauernstaat* sondern nur in *Staat der Arbeiter und Bauern* auflösen. Die Schreibung unterliegt bei diesen Konstruktionen starken Schwankungen, so daß sie nicht als Kriterium für die Abgren-

zung zwischen Wort und Wortgruppe genommen werden konnte. Konstruktionen vom Typ *Arbeiter-und-Bauern-Staat* werden als Komposita aufgefaßt, auch wenn die einzelnen Glieder nicht oder nur zum Teil durch Binde- bzw. Gedankenstriche verbunden sind. Sie fallen unter die Gruppe 2.1.3.1 und 2.1.8, während hier nur die oben beschriebenen echten elliptischen Wortgruppen aufgeführt werden.

Beispiele:

815 85 *Literatur- und Kunstschaffende*
143 06 *Kern- und Kursunterricht*
254 12 *Kriegs- und Zivilbeschädigte*
815 83 *Rundfunk- und Fernsehbetrieb*
923 23 *Stadt- und Möbelfernverkehr* (hier ist außer dem Grundwort auch noch das 1. Glied des Bestimmungswortes eingespart: *Möbelstadtverkehr* und *Möbelfernverkehr*)

Zwischen einer elliptischen Wortgruppe und einem Kompositum vom Typ *Arbeiter-und-Bauern-Staat* steht folgender Beleg:

373 25 *Viert- und Mehrgeburten (Mehr* gehört sinngemäß zu *vier* (Geburten von vier und mehr Kindern). Da *vier* jedoch in der im einfachen Kompositum (*Viertgeburt*) gebräuchlichen Form einer Ordinalzahl auftritt, wird dieser Zusammenhang verdunkelt. Man wird verleitet, die Konstruktion in *Viertgeburten* und *Mehrgeburten* aufzulösen, was aus semantischen Gründen nicht möglich ist.)

2.1.3.4 Klammerbildungen

Unter dieser Bezeichnung sind Komposita zu verstehen, die um ein oder mehrere, für das Verständnis oft nicht unbedingt nötige Mittelglieder gekürzt sind: *Ölzweig* (statt *Ölbaumzweig*)[5].

Ist nur ein Kompositionsglied - Grund- oder Bestimmungswort - eine Klammerbildung, so kann selbstverständlich nur dieses eine Glied und nicht das ganze Kompositum als Klammerbildung gelten. So ist *Kernwaffenkrieg* hier nicht aufgenommen worden, da nur das Bestimmungswort *Kernwaffe* eine Klammerbildung darstellt. Die Kürzung in der Klammerbildung kann zur Bedeutungsveränderung des gekürzten Bestimmungswortes führen. Das ist besonders dann zu erwarten, wenn Bestimmungswörter reihenbildend wirken, wie *Atom-*, *Kern-* usw. Umgekehrt ist natürlich auch möglich, daß ein bestimmtes Wort diese Bedeutungsveränderung schon durchgemacht hat, bevor es als Kompositionsglied verwendet wurde. In diesem Fall könnte man nicht mehr von einer Klammerbildung sprechen. Außer den eindeutigen Klammerbildungen, wie *Ratenbeginn* (für *Ratenzahlungsbeginn*) und *Hallenweltmeister* (für *Hallenhandballweltmeister*) sind hier auch solche Belege als Klammerkomposita verzeichnet, deren Bestimmungswort nur in der Komposition - nicht als selbständiges Wort - eine Bedeutungsveränderung durchgemacht hat, wie es bei *Atom-* und *Kern-* offenbar der Fall ist [6].

Termini aus der Kernphysik, Raketen- und Flugzeugtechnik sind besonders stark belegt. Viele dieser Belege können gleichzeitig als in die Gemeinsprache eingedrungene fachsprachliche Ausdrücke gelten; sie werden unter 2.2.3 nicht noch einmal aufgeführt.
Klammerbildungen sind dadurch gekennzeichnet, daß sie in keine sinnvolle syntaktische Konstruktion aufgelöst werden können: *Düsenzeitalter* kann nicht in *Zeitalter der Düsen* aufgelöst werden; es bedeutet *Zeitalter des Düsenflugzeugs* oder *Zeitalter des Düsenantriebs*. Das fehlende Glied läßt sich nicht immer genau identifizieren. In einigen Fällen ist das Bestimmungswort der Klammerbildung noch weiter gekürzt: in *Raumkandidat* ist nicht nur ein Glied *-flug* , sondern auch ein Glied *Welt-* weggefallen - das vollständige Kompositum muß *Weltraumflugkandidat* heißen. *Raum-* in diesen und ähnlichen Zusammensetzungen hat jedoch möglicherweise wie *Atom-* und *Kern-* eine Bedeutungsveränderung durchgemacht. *Raumfahrt* könnte aber auch eine Analogiebildung zu *Luftfahrt* sein, was die Kürzung ebenfalls motivieren würde.

Beispiele:

373 01	*Berlinlösung* (Lösung des Berlinproblems)
999 70	*Elektro-Aufgabe* (Aufgabe aus dem Gebiet der Elektrotechnik)
254 09	*Flugzeugopfer* (Opfer eines Flugzeugunglücks)
923 18	*Gelbsünder* (Gelblichtsünder)
386 41	*Gerätefinale* (Geräteturnfinale)
528 04	*Halbfabrikat* (halbfertiges Fabrikat)
529 03	*Hallenweltmeister* (Hallenhandballweltmeister)
261 04	*Lärmkarte* (Lärmverteilungskarte)
923 02	*Neonreklame* (Neonlichtreklame)
605 05	*Ratenbeginn* (Ratenzahlungsbeginn)
143 04	*Sowjetblock* (Block der von der Sowjetunion beeinflußten Länder)
891 07	*Strumpfkapazität* (Strumpffabrikationskapazität)
923 22	*Wohnschrank* (Wohnzimmerschrank)
923 21	*Zweitaktmonteur* (Monteur für Zweitaktmotoren)

Klammerfügungen mit reihenbildendem Bestimmungswort

Bei den Verbindungen mit dem Bestimmungswort *Atom-* ist entweder *-kernspaltung-* zu ergänzen (*Atomwaffe = Atomkernspaltungswaffe, Atomtechnik = Atomkernspaltungstechnik*) oder selbst wieder eine lexikalisierte Klammerbildung wie *Atomwaffe* oder *Atombombe (Atomkrieg = Krieg mit Atomwaffen, Atommacht = Macht, die die Atombombe besitzt).*

929 03	*Atomabkommen*
929 03	*Atomarmee*
530 01	*Atomaufrüstung*
430 10	*Atombedrohung*
813 41	*Atombewaffnung*
430 07	*Atombombe*
906 46	*Atomforscher*
100 00	*Atomfrage*
043 03	*Atomgemeinschaft*
929 03	*Atomgespräch*
04 03	*Atomgranatwerfer*
906 46	*Atomkanone*
923 01	*Atomklub*
261 67	*Atomkommission*
530 01	*Atomkonferenz*
254 15	*Atomkraftwerk*
254 07	*Atomkrieg*

016	03	*Atommacht*
04	03	*Atommonopol*
929	03	*Atom-Parade*
906	46	*Atomphysiker*
430	02	*Atompilz*
016	03	*Atompolitik*
261	67	*Atomprogramm*
26	08	*Atomrakete*
528	04	*Atomrüstung*
049	01	*Atomschirm*
04	03	*Atomschlag*
04	03	*Atomstrategie*
016	03	*Atomstreitmacht*
906	46	*Atomtechnik*
530	01	*Atomtest*
744	04	*Atom-U-Boot*
437	04	*Atom-Ultra*
145	24	*Atom-Unterseeboot*
923	01	*Atomversuch*
923	01	*Atomvertrag*
430	11	*Atomwaffe*
999	39	*Atomzeitalter*
813	42	*Atomzentrum*

Bei Verbindungen mit *Kern-* als Bestimmungswort wurde ein anderer Bestandteil des vollständigen Ausdrucks verwendet (*Kernwaffe = (Atom)kernspaltungswaffe*). Auch hier ist gelegentlich die lexikalisierte Klammerbildung *Kernwaffe* Basis für neue Klammerbildungen (*Kernversuch = Versuch mit Kernwaffen*).

814	48	*Kernenergie*
26	20	*Kernkraftwerk*
043	03	*Kernprojekt*
100	00	*Kernversuch*
923	02	*Kernwaffe*

Zu solchen Parallelbildungen kommt es auch im Bereich der Weltraumforschung: *Weltraumkandidat (= Kandidat für einen Weltraumflug)* neben *Raumkandidat*, *Weltraumkapsel* neben *Raumkapsel*.

885	16	*Weltraumausschuß* (Ausschuß für Weltraumflüge)
829	05	*Weltraumhündin* (Hündin, die einen Weltraumflug absolviert hat)

016 03 *Weltraumkabine* (Kabine einer Weltraumkapsel)
826 68 *Weltraumkandidat* (Weltraumflugkandidat)
885 16 *Weltraumkapsel* (Kapsel für einen Weltraumflug)
145 01 *Weltraumvorhaben* (Weltraumflugvorhaben)
885 16 *Raumkapsel* (Kapsel für einen Weltraumflug)
528 01 *Raumkandidat* (Kandidat für einen Weltraumflug)

Bei Verbindungen mit dem Bestimmungswort *Düsen-* ist *-flugzeug-* bzw. *-antrieb-* zu ergänzen.

243 07 *Düsendienst*
143 07 *Düsenliniendienst*
826 68 *Düsenpilot*
143 07 *Düsenverkehr*
923 35 *Düsenverkehrsflotte*
923 35 *Düsenzeitalter*

Auch das Bestimmungswort *Entwicklung-* (für *Entwicklungsland* oder *Entwicklungshilfe*) ist Bestandteil mehrerer Klammerbildungen.

043 01 *Entwicklungsdienst* (Dienst in Entwicklungsländern)
004 17 *Entwicklungsmilliarde* (Milliarde für die Entwicklungshilfe)
016 03 *Entwicklungspolitik* (Politik, die Entwicklungsländer betreffend)

Ob Verbindungen mit *Nobel-* als reihenbildend angesehen werden können, muß offen bleiben.

826 16 *Nobelchemiker* (Nobelpreischemiker)
929 32 *Nobelfest* (Nobelpreisträgerfest)

2.1.3.5 Kurzwörter, Kurzformen[8]

Hier sollen Komposita und feste Wortgruppen, die um einen oder mehrere Bestandteile am Anfang oder am Ende gekürzt sind, behandelt werden. Die Weglassung des Anfangsgliedes eines Kompositums ist in der Regel kontextbedingt: *Planke* für *Leitplanke*, *Maschine* für *Militärtransportmaschine*. Wenn die volle Bedeutung aus dem Kontext hervorgeht, ist das Bestimmungswort überflüssig und kann eingespart werden. Oft wird der kürzere Ausdruck gewählt, um eine direkte Wiederholung zu vermeiden. Einige dieser kontextbedingten Weglassungen sind relativ fest geworden, wie z.B. *Zone* für *Sowjetzone* oder *sowjetische Besatzungszone*, *Verleih* für *Filmverleih* usw. Bei mehrgliedrigen Bestimmungswörtern ist es möglich, daß nicht das ganze Bestimmungswort, sondern nur sein Anfangsglied wegfällt: so in *Raumschiff*, das für *Weltraumschiff* steht. Die Kürzung ist hier jedoch an die Position des Bestimmungswortes gebunden: *Raum* kann *Weltraum* nicht in der Position eines Grundwortes oder eines selbständigen Wortes ersetzen.

Als Kurzwörter im eigentlichen Sinne gelten jedoch Komposita, die um das Grundwort gekürzt sind: *Bild* für *Bildzeitung*, *Tochter* für *Tochtergesellschaft* usw. Dabei kann die Ausgangsform eine Klammerbildung sein, wie bei dem in Anm. 6 zitierten Beleg *Atom*, der für die Klammerbildung *Atomwaffe* steht.

Zu dieser Gruppe gehört eine Anzahl Stoff- oder Warennamen, deren Bestimmungswörter Herkunfts- oder Eigenschaftsbezeichnungen darstellen. Die Reduzierung des Kompositums auf das Bestimmungswort bewirkt, daß diese Angaben besonders in den Vordergrund gerückt werden: *Pythonschlange* für *Pythonschlangenleder*, *Haargarn-Bouclé* für *Haargarn-Bouclé-Teppich*. In der gleichen Gruppe werden auch Komposita verzeichnet, bei denen eine um das Grundwort gekürzte Form selbst wieder Grundwort ist: *Supermarkttochter* (*Tochter* steht hier für *Tochtergesellschaft*).

Ein ähnlicher Kürzungsvorgang wie bei den Komposita findet auch bei den Wortgruppen statt. Dabei kann entweder der Kern oder ein abhängiges Glied der Wortgruppe wegfallen: *Silber* für *Filmband in Silber*, *Tour* für *Tour de France*. Selbst Attribute eines abhängigen Gliedes können als Kurzbezeichnung dienen: *Nordische* für *Deutsche Meisterschaft in den Nordischen Disziplinen*. Wie bei den Komposita handelt es sich zum größten Teil um kontextbedingte Weglassungen, die sich mehr oder weniger eingebürgert haben.

Beispiele:
Komposita

(1) Anfangsglied fehlt

an die Position des Bestimmungswortes gebundene Kürzungen

885 16	*Raumflieger*	(Weltraumflieger)
923 35	*Raumflug*	(Weltraumflug)
530 04	*Raumschiff*	(Weltraumschiff)
528 01	*Raumstation*	(Weltraumstation)[9]

kontextbedingte Weglassungen (fest oder auf dem Wege, fest zu werden)

925 33	*Reflexsucher*	(Spiegelreflexsucher)
530 04	*Verleih*	(Filmverleih)
530 04	*Verleihgeschäft*	(Filmverleihgeschäft)
530 04	*Verleihunternehmen*	(Filmverleihunternehmen)
26 03	*Zone*	(Sowjetzone, sowjetische Besatzungszone)

kontextbedingte Weglassungen (nicht fest)

261 75	*Anbahnung*	(Eheanbahnung)
529 02	*Aufgebot*	(Produktionsaufgebot)
929 03	*Dienst*	(Spionagedienst)
04 13	*Lady-Aufführung*	(My-fair-Lady-Aufführung)
829 01	*Maschine*	(Militärtransportmaschine)
923 42	*Produktionsgesellschaft*	(Filmproduktionsgesellschaft)

(2) Endglied fehlt
Grundwort fehlt

04 04	*Atom*	(Atomwaffen; "ein auf Atom gerüstetes Heer")
778 12	*Bild*	(Bildzeitung)
929 09	*Fliege*	(Fliegengewichtler im Boxkampf)
749 09	*Goggo*	(Goggomobil)
923 08	*Haargarn-Bouclé*	(Haargarn-Bouclé-Teppich)
892 09	*Magnetophon*	(Magnetophongerät)
527 02	*Polio*	(Poliomyelitis)
929 28	*Pythonschlange*	(Pythonschlangenleder)
826 37	*Satellit*	(Satellitenstaat)
885 03	*Springkonkurrenz*	(Springkonkurrenzaustragung)
143 13	*Tochter*	(Tochtergesellschaft)
254 24	*hasel*	(haselnuß(braun))

Teil des Grundwortes fehlt

143 15	*Amateur-Länderpokal*	(Amateur-Länderpokalspiel)

873 02	*Autosuper*	(Autosuperradio)
885 03	*Chemiefarben-Struktur*	(Chemiefarben-Strukturtapeten)
891 08	*Circusruf*	(Circusrufnummer)
528 03	*Color-Positiv*	(Color-Positivfilm)
043 09	*DEA-Diesel*	(DEA-Dieseltreibstoff)
043 09	*DEA-Rekord*	(DEA-Rekordtreibstoff)
043 09	*DEA-Super*	(DEA-Supertreibstoff)
925 29	*Elna-Automatik*	(Elna-Automatik-Nähmaschine)
891 10	*Handelfmeter*	(Handelfmeterball)
873 02	*Heimsuper*	(Heimsuperradio)
929 01	*Nachtragshaushalt*	(Nachtragshaushaltsplan)
914 32	*Robinsport*	(Robin-Sporthut)
145 20	*Supermarkttochter*	(Supermarkttochtergesellschaft
254 24	*Volvo-Sport*	(Volvo-Sportwagen)
826 69	*Wega-"bobby"-Koffer*	(Wega-"bobby"-Kofferradio)

Wortgruppen

(1) abhängiges Glied fehlt

778 11	*Schalke*	(Schalke 04)
778 11	*Tour*	(Tour de france)
605 16	*Werkstatt*	(Werkstatt des Schillertheaters)

(2) Glied einer appositionellen Gruppe fehlt

04 09	*Bibliothek*	(Bibliothek Suhrkamp)
437 20	*Ostseeschmuck*	(VEB Ostseeschmuck)
873 12	*Promille*	(Promille Blutalkohol)
254 04	*Rheinmetall*	(Rheinmetall AG)
143 13	*Wasag-Chemie*	(Wasag-Chemie AG)

(3) Kern der Gruppe fehlt

143 09	*Gold*	(Filmband in Gold)
143 09	*Silber*	(Filmband in Silber)
043 04	*Regierende, der*	(Regierender Bürgermeister)
744 12	*US-Offizielle, der*	(offizieller Vertreter der USA)
749 10	*Deutsche, die*	(Deutsche Meisterschaft)
530 06	*Nordische, die*	(Deutsche Meisterschaften in den nordischen Disziplinen)

2.1.3.6 Abkürzungen

Nur Abkürzungen, die als Abkürzungen gesprochen werden, sind hier von Interesse; rein graphische Abkürzungen wie *usw.*, *u.a.* und *z.B.* bleiben unberücksichtigt. Nach den Bestandteilen, die in die Abkürzung aufgenommen wurden, und nach der Art der sprachlichen Wiedergabe (Buchstabennamen oder silbisch) lassen sich die im folgenden aufgeführten Typen unterscheiden. Verschmelzen zwei oder mehrere selbständig vorkommende Abkürzungen zu einem Kompositum (z.B. *VW-Kombi*), so wird diese Form als Kompositum behandelt. Aus fremden Sprachen entlehnte Abkürzungen werden hier, nicht unter 2.2.1 verzeichnet. Bei den meisten Abkürzungen handelt es sich um Eigennamen.

Beispiele:

Initialabkürzungen[10], als Buchstabennamen gesprochen: Typ *EWG*

906	48	*ABF*	(Arbeiter-und-Bauern-Fakultät)
143	09	*ADN*	(Allgemeiner Deutscher Nachrichtendienst)
923	21	*BAT*	(Bundesangestelltentarif)
873	36	*BB*	(Brigitte Bardot)
923	10	*BDB*	(Bund Deutscher Berufsboxer)
430	16	*BGL*	(Betriebsgewerkschaftsleitung)
923	27	*BKZ*	(Baukostenzuschuß)
529	03	*BSG*	(Betriebssportgemeinschaft)
26	34	*CVJM*	(Christlicher Verein Junger Männer)
373	02	*DDR*	(Deutsche Demokratische Republik)
528	03	*DFD*	(Demokratischer Frauenbund Deutschlands)
815	90	*DGB*	(Deutscher Gewerkschaftsbund)
925	09	*DM*	(Deutsche Mark)
254	07	*dpa*	(deutsche Presse-Agentur)
016	01	*EWG*	(Europäische Wirtschaftsgemeinschaft)
254	04	*FDGB*	(Freier Deutscher Gewerkschaftsbund)
430	09	*FDJ*	(Freie Deutsche Jugend)
891	02	*FLN*	(Front de Libération Nationale)
529	01	*GPRA*	(Gouvernement Provisoire de la Republique Algérienne)
437	20	*GST*	(Gesellschaft für Sport und Technik)
430	02	*HO*	(Handelsorganisation)
815	11	*KLM*	(Koninglijke Luchtvaart Maatschappij N.V.)
430	03	*LPG*	(landwirtschaftl. Produktionsgenossenschaft)
923	21	*MTA*	(medizinisch-technische Assistentin)
529	01	*MTS*	(Maschinen-und-Traktoren-Station)
923	27	*MVZ*	(Mietvorauszahlung)
529	01	*ND*	(Neues Deutschland)
529	01	*OAS*	(Organisation de l'Armée Secrète)

891 07 *OECD* (Organisation for Economic Cooperation and Development)
254 15 *PAA* (Pan American Airways)
530 05 *RSFSR* (Rossiskaja Sowjetskaja Federatiwnaja Sozialistitscheskaja Respublika)
530 06 *SFB* (Sender Freies Berlin)
529 03 *SSG* (Schulsportgemeinschaft)
254 10 *SZ* (Süddeutsche Zeitung)
948 09 *TeBe* (Tennis Borussia; Buchstabennamen ausgeschrieben)
143 16 *UKW* (Ultrakurzwelle)
528 05 *VdgB* (Verein der gegenseitigen Bauernhilfe)
254 23 *VEB* (volkseigener Betrieb)
529 01 *VVB* (Verwaltung volkseigener Betriebe)
26 35 *WDR* (Westdeutscher Rundfunk)

Initialabkürzungen, silbisch gesprochen: Typ *UNO*

929 32 *DEFA* (Deutsche Film AG; *D* ist vermutlich als Buchstabenname aufzufassen; es ist kaum anzunehmen, daß es sich um die beiden ersten Buchstaben des Wortes *Deutsche* handelt)
143 11 *EFTA* (European Free Trade Association)
373 38 *EMPA* (Eidgenössische Materialprüfungs- und Versuchsanstalt)
437 12 *FINA* (Fédération Internationale de Natation Amateure)
923 10 *FISA* (Fédération Internationale des Sociétés d'Aviron)
373 01 *GATT* (General Agreement on Tarifs and Trade)
815 64 *IGA* (Internationale Gartenbau-Ausstellung)
744 12 *JEEP* (General Purpose War Truck, wobei *G* als Buchstabenname geschrieben und gesprochen wird, *p* jedoch als Laut erhalten bleibt)
529 01 *NASA* (National Aeronautics and Space Administration)
016 03 *Nato* (North Atlantic Treaty Organization)
143 05 *TASS* (Telegrafnoje Agentstwo Sovjetskowo Sojusa)
815 67 *Uno* (United Nations Organization)
529 03 *VEAB* (Volkseigener Erfassungs- und Aufkaufbetrieb)
26 28 *Veba* (Vereinigte Elektrizitäts- und Bergwerks-AG)
143 13 *Wasag* (Westfälisch Anhaltische Sprengstoff AG)

Abkürzungen, die aus ganzen Silben gebildet werden: Typ *Kombi*

749 09	*Kombi*	(kombiniert/Kombination)
254 05	*Krimi*	(Kriminalroman/Kriminalfilm)
261 11	*Phila*	(Mädchen vom philadelphischen Dienst)

Abkürzungen, die aus Silben und Silbenteilen gebildet werden: Typ *Trafo*

930 66	*Bubabus*	(Bundesbahnbus)
813 43	*Diamat*	(dialektischer Materialismus)
930 66	*Hirafe*	(Hinterradfederung)
814 37	*Hiwi*	(Hilfswilliger)
145 18	*Koma*	(Koch u. Mann Großhandelszentrale)
891 02	*Komsomol*	(Kommunistitscheski Sojus Molodjoschi)
920 16	*Kümo*	(Küstenmotorschiff)
918 05	*Lyrazz*	(Lyrik und Jazz)
930 29	*Moped*	(motorisiertes Pedal)
906 69	*Moto*	(Tonne pro Monat)
930 65	*Motolist*	(Motorjournalist)
143 05	*Panam*	(Pan American World Airways)
016 07	*Profi*	(Professional; das *i* ist möglicherweise ein Suffix)
016 06	*Touropa*	(Tourismus in Europa; das *r* kann aus *Tourismus* oder *Europa* stammen)

Abkürzungen, die aus Initialen, Silben und Silbenteilen gebildet werden: Typ *Krad, Fleurop*

923 29	*ASTA*	(Allgemeiner Studenten-Ausschuß)
143 11	*Auma*	(Ausstellungs- und Messeausschuß der Deutschen Wirtschaft)
992 42	*BGBl*	(Bundesgesetzblatt)
430 04	*CENTO*	(Central Treaty Organization)
26 07	*Comecon*	(Council of Mutual Economic Aid)
261 67	*DESY*	(Deutsches Elektronen-Synchrotron)
430 06	*Dewag*	(Deutsche Werbung Agentur; vgl. *DEFA* (Abkürzung vom Typ *UNO*))
386 03	*Ecosoc*	(Economic and Social Council)
992 47	*EUWID*	(Europäischer Wirtschaftsdienst)
143 13	*Gema*	(Gesellschaft für musikalische Aufführungs- und mechanische Vervielfältigungsrechte)
991 01	*GEWOG*	(Gemeinnützige Wohnungsbaugesellschaft mbH)
143 13	*Ifada*	(Internationale Fachausstellung der Damenhutindustrie)

992	42	*KStG*	(Körperschaftssteuergesetz)
145	19	*Öffa*	(Deutsche Gesellschaft für öffentliche Arbeit AG)
386	01	*Tanjug*	(Telegrafska Agencija Nova Jugoslavija)
373	02	*USAFEUR*	(United States Airforce in Europe)
373	02	*USAREUR*	(United States Army in Europe

Abkürzungen, die mindestens noch ein vollständiges Wort oder Affix enthalten: Typ *Interflug*

261	35	*ALLWOBAU*	(Allgemeine Wohnungsbaugesellschaft)
885	02	*Bauma*	(Deutsche Baumaschinenmesse)
254	04	*EURATOM*	(Communauté Européenne de l'Énergie Atomique)
826	03	*EUROTERRA*	(aus *Europa* und *terra*;Verkaufsgesellschaft für internationalen Grundbesitz)
143	05	*Interflug*	(Gesellschaft für internationalen Flugverkehr)
885	02	*Internorga*	(Internationale Fachmesse für die nordische Gastronomie)
143	13	*Inter-oil*	(Internationale Ausstellung zum 6. Welt-Erdöl-Kongreß)
143	13	*Interzum*	(Internationale Messe der Zulieferer für Möbel, Polstermöbel und Holzverarbeitung)
920	20	*Mohole*	(aus *Moho* (Schicht zwischen Erdkruste und Erdmantel) und *hole* (Loch); die Silbe *ho* kann zu *Moho* oder *hole* gehören)
930	65	*Motorheit*	(Motortorheit; die Silbe *tor* kann zu *Motor* oder zu *Torheit* gehören)
929	16	*NAPOSTA*	(nationale Postwertzeichen-Ausstellung)
00	21	*Pop-Art*	(popular art)
192	03	*Robonaut*	(aus *Roboter* und *-naut*)

Sprechende Abkürzungen; meist Initialabkürzungen, die silbisch gesprochen werden und ein bereits vorhandenes Wort ergeben: Typ *care*

931	29	*ANNA*	(aus *Army*, *Navy*, *NASA*; wobei *NASA* schon eine Abkürzung ist, die hier weiter verkürzt wird)
906	69	*Laser*	(Light Amplification by Stimulated Emission of Radiation)
891	08	*TEAM*	(Top European Advertising Media)
826	69	*Wise*	(Women in Space Earliest)

Sonstige Abkürzungen

948 09 *Turboprop* (Turbinen-Propeller; *o* ist vermutlich als Fuge aufzufassen)

2.1.4 Erweiterungen

2.1.4.1 Präzisierungen, Überpräzisierungen

Die Erweiterung eines Wortes um ein oder mehrere Glieder kann verschiedene Ursachen haben. Sie kann dazu dienen, Modifikationen eines schon benannten Sachverhalts zu erfassen, semantische Unsicherheiten, z.B. beim Gebrauch von Fremdwörtern, auszugleichen oder die Eindringlichkeit zu erhöhen.

Im ersten Fall kommt es nicht zu semantischen Überschneidungen. Im zweiten Fall decken sich die Bedeutungen der Glieder ganz oder teilweise. Im dritten Fall hat der hinzugefügte Bestandteil seine volle Bedeutung eingebüßt; er dient hauptsächlich der Intensivierung. Bildungen dieser Art treten besonders häufig in der Werbesprache auf.

Beispiele:

(1) Wörter, die um ein oder mehrere Glieder erweitert werden, um Modifikationen eines schon benannten Sachverhalts zu erfassen (Präzisierungen)

906 46 *Bildfunk*
26 19 *Elektrorasur*
813 44 *Partei-Marxismus*
923 38 *Sprühstrahl*
992 97 *Stadtlandschaft* (evtl. in Anlehnung an engl. *townscape*)
906 64 *betriebssicher*
906 64 *unfallsicher*

(2) Komposita, deren Glieder sich ganz oder teilweise semantisch überschneiden (Überpräzisierungen)

261 12 *AKI-Kino* (*AKI* = Aktualitätenkino)
261 05 *ARD-Anstalt* (*ARD* = Arbeitsgemeinschaft der Rundfunkanstalten Deutschlands)
923 21 *Automobil-Neuwagengeschäft*
254 02 *Brigadegruppe*
813 38 *DDR-Staatsfeind*
929 28 *Dosenschachtel*

430 1o *Elektronenteilchen*
885 02 *Fabrikationserzeugnis*
914 74 *Haut-Schwiele*
043 20 *Katalogbuch*
605 10 *Ladengeschäft*
373 08 *Liegebett*
261 31 *Loggienbalkon*
885 47 *Porzellanverkaufsladen*
826 37 *Preisdumping*
373 11 *Servicedienst*
923 22 *Skaileder*
143 02 *Sperrgrenze*
923 25 *Straßstein*
815 97 *Vitamin-Wirkstoff*
143 06 *Vorsondierung*
923 07 *Zweigarm*
923 29 *eigenverantwortlich*
923 04 *eigenschöpferisch*
923 27 *neurenoviert*
990 85 *volksdemokratisch*

(3) Komposita mit intensivierendem Bestimmungswort

437 18 *Blitzreinigungsemulsion*
254 20 *Großgaststätte*
923 09 *Großhotel*
143 13 *Großkaufhaus*
885 02 *Großkochanlage*
605 10 *Großlager*
143 12 *Großlebensversicherung*
528 03 *Großreparatur*
254 09 *Großstraße*
529 02 *Großversuch*
923 22 *Qualitätsprismenglas*
873 61 *Spezialbüstenformer*
885 53 *Superbombe*
873 02 *Universal-Spitzensuper* (gleichzeitig Kurzwort, vgl. 2.1.3.5)
254 12 *Vollpackung*
373 20 *quellfrisch*
914 93 *vollbräunend*

mit intensivierendem Grundwort

605 06 *Empfangsverhältnisse*
906 46 *Funkwesen*

530 04 *Kontrolltätigkeit*
373 02 *Kontrollverfahren*
815 96 *Sichtverhältnisse*
261 31 *Villenobjekt*

2.1.4.2 Streckformen

Hierher gehören Umschreibungen einfacher Verben oder kurzer verbaler Ausdrücke durch Fügungen, in denen das im Verb ausgedrückte Geschehen nominal gefaßt ist. Die beiden Formen können nicht immer als inhaltlich identisch angesehen werden[11].

Beispiele:

527 03 *den Durchbruch erzielen* (durchbrechen)
873 51 *zur Durchführung bringen* (durchführen)
530 06 *erzieherisch auf jdn wirken* (jdn erziehen)
528 02 *die Forderung erheben* (fordern)
529 01 *die mobilisierende Rolle spielen* (mobilisieren)
744 07 *auf Tauchtiefe gehen* (tauchen)
530 02 *in Wegfall kommen* (wegfallen)
254 06 *ins Werk setzen* (bewerkstelligen)
143 13 *Zeugnis ablegen* (bezeugen)
143 13 *einen Ausgleich finden* (ausgeglichen werden)
143 15 *dem Desinteresse verfallen* (uninteressant werden)
929 04 *die Eßbarkeit erreichen* (eßbar werden)
254 06 *seine Fortsetzung finden* (fortgesetzt werden)
043 07 *in Entwicklung stehend* (sich entwickelnd)
925 32 *zur Selbsthilfe greifen* (sich selbst helfen)
529 02 *zur Leitung heranziehen* (leiten lassen)

2.1.5 Umschreibungen

Die Umschreibung einer Sache oder eines Sachverhalts durch einen anderen als den allgemein üblichen Ausdruck dient meistens der besseren Veranschaulichung, der Intensivierung oder Ironisierung des Begriffs. Ironisierende Umschreibungen waren im westdeutschen Nachrichtenmagazin "Der Spiegel" besonders stark vertreten; vorwiegend pejorative Umschreibungen traten gehäuft in der ostdeutschen Presse auf. Da sich Merkmale wie ironisch, intensivierend, pejorativ überschneiden, wurde im folgenden nach dem hervorstechenden Merkmal sortiert; die Zuordung mußte notgedrungen vom Ermessen des Bearbeiters abhängen. Bei den meisten Umschreibungen handelt es sich um Gelegenheitsbildungen, nur wenige sind allgemein oder allgemeiner gebräuchlich, so z.B. *Flimmerscheibe*, *SED-Staat*, *Pankow*, *drüben*.

Beispiele:

(1) vorwiegend ironisch

815 64 *Blumen-Spektakel* (Internationale Blumenausstellung)
744 12 *Diplomaten-Rennbahn* (Verbindungsstraße zwischen Bad Godesberg und Bonn)
815 66 *Eskimo-Eiland* (Grönland)
815 66 *Fisch-Speisekammer* (Gewässer vor Grönland)
929 08 *Gashebelritter* (Autofahrer)
814 30 *Geisterbäcker* (Backautomat)
873 41 *Hügeltechniker* (Couturier, der für gewagte Dekolletés bekannt ist)
815 64 *Klebepapier* (Briefmarken)
812 12 *Mauer-Architekt* (Walter Ulbricht)
826 37 *Mauerbrecher* (Ostberliner Behörden, die westlichen Flugpassagieren die Einreise genehmigen)
826 34 *Mauerloch* (Möglichkeit zum Grenzübergang zwischen Ost- und Westberlin)
826 71 *Mondfrau* (Kosmonautin)
814 39 *Seelenschlosser* (Psychologe)
813 42 *Urwald-Samariter* (Albert Schweitzer)
826 68 *kosmisches Damen-Debut* (erstes Weltraumexperiment mit einer Kosmonautin)
929 29 *Hotel auf Rädern* (Wohnwagen)
826 64 *Ulmer Urnen-Schau* (Ulmer Aufführung von Becketts "Spiel", bei der die Darsteller in urnenähnlichen Gefäßen standen)
814 46 *textiler Weißgardist* (Gewerkschaft Textil und Bekleidung)

(2) vorwiegend pejorativ

528 01 *Adenauer-Staat* (Bundesrepublik Deutschland)
143 16 *Flimmerscheibe* (Fernsehapparat)
528 08 *Frontstadt* (Westberlin)
528 01 *Kriegspartei* (Christlich-Demokratische Union)
813 38 *Mauerstaat* (Deutsche Demokratische Republik)
530 04 *NATO-Republik* (Bundesrepublik Deutschland)
26 02 *SED-Staat* (Deutsche Demokratische Republik)
528 08 *Insel der Provokation* (Westberlin)
527 10 *Bonner Kreuzritter* (Politiker der Bundesrepublik Deutschland)
528 01 *Kriegspartei des deutschen Imperialismus* (Christlich-Demokratische Union)

826 34 *östlicher Mauerwächter* (Grenzposten in Ostberlin)
930 30 *motorisiertes Nummernschild* (Kleinwagen)

(3) relativ neutral, nur veranschaulichend

929 09 *126-Sekunden-Kampffilm* (Boxkampf)
815 65 *Adenauer-Stadt* (Köln)
915 66 *Eisinsel* (Grönland)
873 48 *Kreml-Herr* (Chruschtschow)
143 16 *Wunderzaun* (Leitplanke aus Maschendraht)
873 30 *drüben* (in der Deutschen Demokratischen Republik)
814 30 *eiserner Bäcker* (automatische Backstraße)
891 02 *heißer Draht* (direkte Fernschreibverbindung zwischen Kreml und Weißem Haus)
261 02 *Moskaus leitender Mann* (Chruschtschow)
930 29 *weiße Maus* (Verkehrspolizist)
929 28 *Nettigkeit aus Nerz* (Nerzhut)
885 08 *chinesische Wochenbetten* (Bevölkerungszuwachs in China)
261 23 *zur Kasse gehen* (bei einer Wette gewonnen haben)
530 03 *den dicken Otto spielen* (prahlen)
145 24 *zu Kleinholz verarbeiten* (zertrümmern)
437 14 *mein Sozialismus hat vier Reifen*

(4) verhüllend

05 05 *Meisen kleben* (Abhöranlagen installieren)

2.1.6 Wortspiele, Verballhornungen

Wortspiele oder Verballhornungen entstehen durch scherzhafte, spielerische Verwendung oder Veränderung von Wörtern, Wortbestandteilen oder Wortinhalten.

Beispiele:

(1) spielerische Verwendung von Wortbildungsmitteln
ungewöhnliches Affix

145 13 *Kosmonette* (Kosmonautin)
26 37 *Logelei* (kleine Aufgabe, die logisches Denken voraussetzt)
885 47 *sprichwörtern* (in Sprichwörtern reden)

Kontamination

990 67 *Foto-Grafik* (Fotografie/Grafik)
813 49 *Politbürokrat* (Politbüro/Bürokrat)

749 11 *Ratzekieler* (Ratzeburger/Kieler (Achter))
923 08 *(Wann)Seemann* (Wannsee/Seemann)
815 86 *Spielplanung* (Spielplan/Planung)
04 09 *Suhrkämpe* (Suhrkamp/Kämpe)
04 15 *bohämisch* (Boheme/hämisch; "Werfe man mir getrost bohämisch ein Philister, Kryptopuritaner.. ins Gesicht")
145 13 *lyronautisch* (lyrisch/(kosmo)nautisch; Anspielung auf ein Gedicht zu Ehren der ersten Kosmonautin)
812 05 *wirtschaftswunderlich* (Wirtschaftswunder/wunderlich)

(2) Vertauschung, Hinzufügung oder Weglassung von Buchstaben, Silben oder Wörtern

145 24 *Diebespaar* (Diebe, die sich als Liebespaar ausgeben)
826 52 *Keeler-Woche* (Kieler Woche/Christine Keeler)
145 07 *Nonkomfortismus* ("Nonkonformismus ist Nonkomfortismus"; Anspielung auf unkomfortable Sitze in der Hamburger Hochbahn)
043 10 *Pelz-Dame* ("Pelz-Dame ist Trumpf"; Werbung für Pelzmäntel mit der Abbildung einer Spielkarte)
813 38 *Arbeiter- und Mauerstaat* (in Anlehnung an *Arbeiter- und Bauernstaat*)
605 03 *Lach- und Schießgesellschaft* (in Anlehnung an *Wach- und Schließgesellschaft*)
04 11 *Sodom und Andorra* (Anspielung auf Max Frischs Schauspiel "Andorra")
605 05 *"Schwarz weiß tot"* (Kabarett-Programm)
892 09 *Kranke Kasse* (für *Krankenkasse*)
873 06 *Verunreinigte Nationen* (für *Vereinigte Nationen*)
254 23 *mit Holzhammer und Sichel* (Anspielung auf das Flaggensymbol Hammer und Sichel)
873 05 *Bundesminister für die Ernährung der Landwirtschaft* (für *Bundesminister für Ernährung und Landwirtschaft*)
043 19 *auf Bart und Kinn prüfen* (Rasierwasserwerbung)
430 03 *"Überleben Sie mal!"* (Kabarett-Programm)
527 06 *"Ach du meine Presse"* (Kabarett-Programm)
605 05 *"Bleibe im Lande und wehre dich redlich"* (Kabarett-Programm)
885 09 *"Weh dem, der lacht"* (Anspielung auf Grillparzers Schauspiel "Weh dem, der lügt")
885 02 *"Den letzten beißen die Menschen"* (Kabarett-Programm)
826 06 *Hochhuth und Stolz wachsen auf einem Holz* (Kritik an Rolf Hochhuth)

(3) Spiel mit verschiedenen Bedeutungen

826 48 *"Argus"-Frage* (Frage eines Redakteurs der Studentenzeitschrift "Argus")
813 49 *Eis-Heiliger* ("die Eisheiligen des Politbüros"; Anspielung auf die Tauwetterperiode)
885 16 *Himmelfahrtskommando* (Anspielung auf Menschenopfer beim Weltraumflug)
815 86 *Kaltwelle* (iGz *Tauwetterperiode*)
925 23 *Koch-Wäsche* (Wäsche eines Kochs/Wäsche, die man kochen kann)
873 37 *Linientreue* (von einem Modeschöpfer; Anspielung auf den Ausdruck *linientreu* im parteipolitischen Sinn)
815 86 *Sonntag-Jäger* (Anspielung auf die Wochenzeitung "Sonntag")
145 23 *Tele-Vision* (eine Vision, das Fernsehen betreffend)
145 23 *Welt-Telegramm* (Kurzberichte in der Tageszeitung "Die Welt")
826 65 *Berliner Sprach-Walter* (*Walter* als Vorname des Germanisten Walter Höllerer und als Ableitung von *walten*)
873 65 *glatter Erfolg* (Rasierwasserwerbung)
744 09 *"im Bilde"sein* (Anspielung auf die "Bildzeitung")
914 70 *ideal gestärkt* (mit einem Stärkemittel "ideal")

(4) Spiel mit dem Wortklang

885 07 *Kent - eine gute Erkenntnis*
914 16 *überspitzt spitzer Hemdkragen*

2.1.7. Analogiebildungen, antithetische Bildungen

Als Analogiebildungen werden neue Wörter und Wortgruppen angesehen, die in enger inhaltlicher und formaler Anlehnung an einen schon bestehenden Ausdruck gebildet sind.
Antithetische Bildungen stellen einen Sonderfall der Analogiebildungen dar; sie formulieren einen Gegensatz oder einen Unterbegriff zu einem vorhandenen Ausdruck. Die Entwicklung verläuft meistens so: Zu einer allgemein eingeführten Bezeichnung wie dem Wort *Krieg* tritt der präzisierte Begriff *atomarer Krieg*. Das, was bisher mit dem Wort *Krieg* bezeichnet wurde, nämlich die kriegerische Auseinandersetzung o h n e atomare Waffen, muß

von dem neuen Begriff abgegrenzt werden; es entsteht die antithetische Bezeichnung *konventioneller Krieg*. Solche Ausdrücke können dann wieder reihenbildend wirken: *konventionelle Streitkraft*, *konventionelle Rüstung* usw.

Die zuletzt genannten Bezeichnungen stellen gleichzeitig Analogiebildungen dar. Ihrem Inhalt nach bleiben sie jedoch Antithesen; sie werden deshalb unter dieser Bezeichnung aufgeführt.

Beispiele:

(1) Analogiebildungen

530 01	*Bundesarbeitsfront* (zu *Reichsarbeitsfront*)
815 95	*Jungfernflug* (zu *Jungfernfahrt*)
254 15	*Mittelfahrzeug* (zu *Kleinfahrzeug*, *Kleinwagen*)
254 23	*Palastical* (zu Musical)
386 02	*Pufferbezirk* (zu *Pufferstaat*)
254 15	*mittelfristig* (zu *kurzfristig*, *langfristig*)
813 38	*ostblockweit* (zu *weltweit*)
530 03	*innergenossenschaftliche Demokratie* (zu *innerparteiliche Demokratie* u.ä.)
530 01	*innergewerkschaftliche Demokratie* (zu *innerparteiliche Demokratie* u.ä.)
254 15	*grauer Markt* (zu *schwarzer Markt*)
261 76	*riskante Welle* (zu *neue Welle*)
826 06	*Ferien vom Herd* (zu *Ferien vom Ich* u.ä.)
437 21	*etwas mit dem linken Hinterbein machen* (zu *etwas mit der linken Hand machen*)

(2) antithetische Bildungen
einfache polare Begriffe

143 05	*Rechtsunordnung* (iGz *Rechtsordnung*)
873 60	*Tiefstapelei* (iGz *Hochstapelei*; vermutlich auch Lehnübertragung für *understatement*)
26 28	*Verkehrsglück* (iGz *Verkehrsunglück*)
261 71	*unwirklichkeitsnah* (iGz *wirklichkeitsnah*)
26 33	*bewältigte Vergangenheit* (iGz *unbewältigte Vergangenheit*)

polare Begriffe, die gleichzeitig Unterbegriffe zu einem allgemeineren Ausdruck darstellen

873 37	*Heizungsherd* (iGz *Elektro-*, *Gasherd*)
906 46	*Hörfunk* (iGz *Bildfunk*)
261 10	*Kinodokumentarfilm* (iGz *Fernsehdokumentarfilm*)

530 04 *Kinofilmproduktion* (iGz *Fernsehfilmproduktion*)
906 66 *Lichtstrom* (iGz *Heizungsstrom* u.ä.)
923 28 *Mehrfamilienhaus* (iGz *Einfamilienhaus*)
143 07 *Propellermaschine* (iGz *Düsenmaschine*)
923 25 *Überernährung* (iGz *Unterernährung*)
254 04 *Überwasser-Flotte* (iGz *U-Boot-Flotte*)
373 05 *Vollmitglied* (iGz *zahlendes Mitglied* u.ä.)
437 11 *Vollschwester* (iGz *Hilfsschwester*)
261 04 *normale Milch* (iGz *kondensierte Milch*)
891 05 *hölzerner Vorhang* (iGz *eiserner Vorhang*)
49 01 *konventioneller Krieg* (iGz *atomarer Krieg*)
49 01 *konventionelle Rüstung* (iGz *atomare Rüstung*)
49 01 *konventionelle Streitkraft* (iGz *atomare Streitkraft*)
145 03 *konventionell gerüstete Armee* (iGz *atomar gerüstete Armee*)
892 02 *herkömmlicher Sprengstoff* (iGz *atomarer Sprengstoff*)

2.1.8 Lehnübersetzungen, Lehnübertragungen

Als Lehnübersetzungen werden wörtlich und vollständig übersetzte, als Lehnübertragungen sinngemäß oder teilweise übersetzte fremdsprachige Wörter und Wortgruppen bezeichnet.

Beispiele:

(1) Lehnübersetzungen

aus dem Englischen (zwischen amerikanischem und britischem Englisch wird hier und im folgenden nicht unterschieden)

825 26 *Atlantikpakt-Organisation* ((North) Atlantic Treaty Organization)
906 69 *Brechpunkt* (break point)
430 02 *Eierkopf* (egg-head)
826 13 *Elektronengehirn* (electronic brain)
254 23 *Fernsehen* (television)
749 11 *Flutlicht* (floodlight)
373 01 *Friedenskorps* (Peace Corps)
016 03 *Froschmann* (frogman)
826 57 *Gehirnwäsche* (brain washing)
373 07 *Gipfelkonferenz* (summit conference)
826 17 *Nachrichten-Manipulation* (news management)
373 04 *Rassentrennung* (racial segregation)
254 15 *Sparsamkeitsklasse* (Economy Class)
373 45 *Staatsdepartement* (State Department; wobei *Department* in das frz. Fremdwort *Departement* übersetzt ist)

815 91 *Supermann* (superman)
143 13 *Supermarkt* (supermarket)
043 11 *Weltgesundheitsorganisation* (World Health Organization (WHO))
254 07 *Kalter Krieg* (cold war)
373 25 *unterentwickeltes Land* (underdeveloped country)
254 15 *Internationale Lufttransport-Vereinigung* (International Airtransport Association (IATA))
373 04 *Vereinigte Nationen* (United Nations)
043 11 *hydrierendes Spalten* (hydrocracking)
254 07 *Eiserner Vorhang* (iron curtain)
814 44 *mit Daten füttern* (to feed with data)
373 01 *einmal mehr* (once more)

aus dem Russischen

813 48 *Abweichler* (uklonist)
528 03 *Arbeiter-und-Bauern-Macht* (vlast' rabočich i krest'jan)
528 01 *Arbeiter-und-Bauernstaat* (gosudarstvo rabočich i krest'jan)
906 46 *Friedensschicht* (vachta mira)
529 01 *Kulturhaus* (dom kultury)
373 05 *Marxismus-Leninismus* (marksizm-leninizḿ)
906 47 *Praktizismus* (prakticizm)
529 03 *Held der Arbeit* (geroj truda)

aus dem Französischen

386 04 *Welt-Ernährungsprogramm* (Programme alimentaire mondial)

aus dem Italienischen

16 02 *Öffnung nach links* (apertura a sinistra)
254 26 *Süßes Leben* (dolce vita)

aus dem Spanischen

892 03 *Nationale Volksfront* (Frente Nacionalidad Popular (in Argentinien))

(2) Lehnübertragungen

sinngemäße Übersetzungen aus dem Englischen

437 05 *Musikbox* (juke box)
373 30 *Rechenautomat* (automatic digital computer/automatic calculator))
814 37 *Rückkopplung* (feed back)

043 11 *Rundgespräch* (im Text als Übersetzung von *panel discussion*, sonst für *round table talk*)
925 54 *bügelfrei* (no iron)
043 03 *nichtmilitärische Kernenergie* (civilian nuclear power)
043 20 *hohe Lebenswelt* (high life)

aus dem Russischen

254 13 *Fünfjahresplan* (pjatiletka)
04 10 *Kolchosbauer* (kolchosnik)
430 05 *Volkseigentum* (narodnoje dostojanie)
749 12 *Weltraumfahrer* (kosmonaut)

teilweise Übersetzungen aus dem Englischen

923 35 *Coach-Klasse* (coach class)
923 35 *Economy-Klasse* (economy class)
143 03 *Gehirntrust* (brain trust)
873 44 *Hauttonic* (skin tonic)
914 81 *Living BH*
530 05 *Ranger 3* (Teilübersetzung, da die Zahl deutsch ausgesprochen wird)

aus dem Russischen

528 06 *Komsomolzin* (komsomolka)
892 05 *Wostok V* (Teilübersetzung, da die Zahl deutsch ausgesprochen wird)

2.1.9 Mischbildungen

Hier werden Wörter oder feste Wendungen behandelt, die mindestens einen deutschen und einen fremdsprachigen Bestandteil (auch Affixe) enthalten. Als fremdsprachige Bestandteile sollen nur *Neuentlehnungen* gelten; früher entlehnte, inzwischen eingebürgerte fremdsprachige Wörter oder Wortgruppen und Kunstwörter aus fremdem Wortmaterial werden wie deutsche Bestandteile behandelt. Teilübersetzungen eines fremdsprachigen Ausdrucks sind ausgenommen; sie werden als Lehnübertragungen angesehen.

Beispiele:

englischer Bestandteil

430 12 *5-Satz-Match*
826 34 *23-Tage-Round-Trip*

923	09	*24-Stunden-Service*
254	12	*Allround-Pädagoge*
749	02	*Baumwoll-Pad*
261	69	*Beat-Literat*
527	06	*Big-Band-Klang*
261	42	*Call-Car-Anschluß*
923	05	*Camping-Paradies*
254	04	*Chartermaschine*
373	11	*Chicken-Restaurant*
873	41	*Cocktail-Kleid*
254	09	*Comic-Klassiker*
254	09	*Comic-Klassiker-Fan*
530	06	*Cross-Lauf*
744	07	*Discount-Möbel*
885	44	*Edel-Slogan*
437	05	*Eisenbahnticket*
826	24	*Europa-Trip*
826	62	*Film-business*
914	74	*Fuß-Lotion*
826	37	*Go-slow-Abfertigung*
261	36	*Hobbyraum*
873	50	*Hochzeitsparty*
386	07	*Hygiena-Weekend*
914	44	*Käsesnack*
826	76	*Kleinwagen-Look*
891	09	*Leader-Trikot*
873	39	*Long-Line-Ansatz*
373	06	*Luftraid*
261	62	*Managing-Fachmann*
043	15	*Marketing-Dienst*
892	10	*Messestädte-Cup*
914	64	*Metall-Ohrclip*
929	04	*Musical-Ingrediens*
261	35	*Musterbungalow*
923	09	*Nonstopfahrt*
261	76	*Off-Hollywood-Film*
914	83	*Outspan-Zeit*
605	08	*Partygänger*
923	35	*Pool-Vertrag*
261	01	*Pressure-Group-Denken*
04	13	*Publicitymann*
873	25	*Publicity-Trick*
605	08	*Rock'n'Roll-Verbreiter*
261	09	*Schwimmshorts*
929	05	*Songbegleitung*

914 93	*Spray-Tan-Präparat*
914 93	*Sprühfluid*
373 11	*Starlight-Quartett*
254 28	*Strip-tease-Vorführung*
261 15	*Sulfoderm-Kosmetik-Set*
261 15	*Sulfoderm-Make-up*
815 89	*Super-Jet-Flug*
605 10	*Teenager-Ausbildung*
923 02	*Teststopabkommen*
873 38	*Twistschritt*
143 14	*Vierercrew*
873 36	*Werbegag*
254 09	*body-building-trainiert*
814 33	*jobmordend*
143 15	*showgeschäftig*
885 02	*vertwisten*
373 26	*Batist Minicare*

französischer Bestandteil

873 23	*Après-Ski-Anzug*
923 25	*Capuchondrapierung*
923 25	*Chemisierkleid*
143 14	*Grand-Tourisme-Fahrzeug*
873 36	*Mode-Boutique*
929 28	*Zehn-Zentimeter-Bandeau*

russischer Bestandteil

430 08	*Festivalbericht*[12]
261 76	*Festivaldirektor*
261 76	*Festivalleiter*
430 08	*Festivalzeitung*
528 05	*Kartoffelkombine*[12]
528 05	*Kombinefahrer*
26 03	*Organisations-Apparatschik*
261 76	*festivalwürdig*

2.1.10 Kunstwörter

Hier handelt es sich um künstliche Wortschöpfungen, die oft an ein bereits vorhandenes fremdes oder deutsches Wort anklingen oder mit bekannten Affixen versehen sind. Anklänge an das Lateinische sind besonders häufig. Kunstwörter werden hauptsächlich zur Bezeichnung neuer Waren gebildet. Entlehnte

Kunstwörter sind hier mit aufgeführt.

Beispiele:

04 22	*Akuphon* (Sprechunterricht mit Tonbändern)
925 16	*Atabakko* (Nikotinentwöhnungspräparat)
873 51	*Babynos* (verdauungsförderndes Präparat für Kleinkinder)
254 12	*bess* (Toilettenpapier)
914 41	*Blend-a-med* (Zahnpasta)
254 21	*Constructa* (Waschmaschine)
812 09	*Contracta* (Gesellschaft für Auslandsbesitz)
923 22	*Dignette* (Kleinbildkamera)
923 03	*Diolen* (Kunstfaser)
386 21	*Dynacord* (Schreibmaschine)
744 12	*Elastocorn* (Mittel gegen Hühneraugen))
873 24	*Fa* (Seife)
430 06	*Flibol* (Mittel gegen Fliegen)
373 08	*Grisotex* (Holzfaserplatte)
04 22	*Hämolind* (Mittel gegen Hämorrhoiden)
254 05	*Hostalen* (Kunststoff)
254 15	*Isetta* (Kleinauto)
826 58	*Klippan* (Sicherheitsgurt)
914 81	*Lastex*(Kunstfaser)
254 21	*Lavamat* (Waschmaschine)
914 25	*Lycra* (Kunstfaser)
923 22	*Movilux* (Schmalfilmprojektor)
914 31	*Odo-ro-no* (Deodorant)
254 28	*Okasa* (Stärkungsmittel)
914 74	*Onixol* (Fußpflegemittel)
744 03	*Pitralon* (Rasierwasser)
914 81	*Playtex* (Büstenhalter)
914 81	*Spantex* (Kunstfaser)
778 04	*Trevira* (Kunstfaser)
430 16	*Trikopan* (Wäschespülmittel)
254 21	*Turnamat* (Waschmaschine)
386 11	*Ultravox* (Diktiergerät)
814 46	*Univac* (Elektronenrechner)
914 17	*Wellaflex* (Haarspray)

2.2 Neue Verwendung alter Wörter und Wortgruppen

2.2.1 Neuentlehnungen aus fremden Sprachen

Bei Wörtern und Wortgruppen aus fremden Sprachen, die ins Deutsche neu oder erneut entlehnt werden, treten verschiedene Grade der Eindeutschung auf. Formen, die deutsche Affixe angenommen haben, wie *vertwisten*, müssen als Mischbildungen angesehen werden; Wörter wie *Elektronik, Automation, Kybernetik, Synthetik*, die nur in Schreibung und Aussprache weitgehend eingedeutscht sind, werden hier verzeichnet. Entlehnte Abkürzungen wie *Komsomol* sind unter den Abkürzungen aufgeführt. Es sei hier ausdrücklich betont, daß die Belege in der orthographischen Form aufgenommen wurden, in der sie im Text auftraten. Abweichende Schreibung konnte auch der Grund für Doppelexzerption eines Ausdrucks sein (z.B. *Make-up, Make up; Bluejeans, Blue Jeans; Swimmingpool, Swimming Pool*).

Beispiele:

Neuentlehnungen aus dem Englischen

826	38	*Allroundman*[13]
016	16	*Appartement*
749	12	*Astronaut*
814	45	*Automation*
373	26	*Baby-Doll*
815	88	*Beatnik*
373	03	*Bestseller*
873	25	*Bluejeans*
873	43	*Body-Building*
373	01	*Briefing*
145	07	*Bulkcarrier*
430	04	*Bulldozer*
016	16	*Bungalow*
261	42	*Call-Car*
373	13	*Camp*
929	15	*Camper*
929	29	*Camping*
373	09	*Car*
923	24	*Caravan*
254	09	*Catcher*
914	58	*Clip*
04	27	*Cocktailparty*
373	13	*Coldcream*
254	09	*Comics*
016	16	*Dancing*
923	36	*Discount*
04	21	*Discounter*

814	44	*Elektronik*
254	09	*Gangsterstory*
892	04	*Goodwill*
914	83	*Grapefruit*
873	61	*He-man*
145	06	*Hobby-Dress*
254	27	*Instant-coffee*
386	10	*Jet*
778	11	*Job*
814	46	*Kybernetik*
143	14	*Limit*
749	02	*Make-up*
04	04	*Manager*
930	66	*Meeting*
26	01	*Message*
07	17	*Minicab*
07	17	*Mini-car*
930	66	*Moto-cross*
606	05	*Musical*
04	13	*Musicalstar*
004	22	*Night-Club*
914	83	*Outspan*
749	02	*Pad*
744	07	*Playboy*
26	19	*Pre-electric-shave*
254	28	*Professional*
930	66	*Show*
254	23	*Show-Business*
923	42	*Slapstick*
930	65	*Slogan*
605	10	*Snapcouch*
914	31	*Stick*
749	11	*Swimmingpool*
914	06	*Synthetik*
373	23	*Team*
145	12	*Teamleader*
930	66	*Teamwork*
254	23	*Teenager*
47	16	*timing*
873	02	*Touring*
749	02	*Twist*
885	02	*Twist-Twist*
373	29	*Understatement*
744	02	*US-Army*

873 40	*Weekend*
925 54	*Youngster*
906 69	*cutten*
923 10	*Fighten, das*
930 66	*jumpen*
529 03	*clever*
26 11	*global*[14]
892 04	*American Way of Life*
923 23	*Beauty Protect Filter*
261 67	*big science*
744 11	*Blue Jeans*
261 71	*Brave New World*
26 08	*fact of life*
826 15	*Grand Design*
605 05	*Jam Session*
254 12	*Lonely Boy*
826 40	*Long Drink*
744 10	*Make up*
885 03	*New Look*
826 17	*news management*
043 11	*Panel Discussion*
373 45	*Pressure Group*
373 26	*public relations*
885 01	*Rock'n'Roll*
04 21	*Shopping Center*
814 38	*speed operator*
016 17	*Swimming Pool*
386 37	*Terms of trade*
923 16	*US Airforce*
043 15	*US Trade Center*

erneute oder Doppelentlehnungen aus dem Englischen

930 65	*Hobby*[15]
815 89	*Service*[15]
914 02	*Spray*[15]
930 66	*Test*[16]

Neuentlehnungen aus dem Russischen

26 03	*Apparatschik*[17]
906 47	*Diversant*[17]
906 47	*Kombinat*[17]
430 17	*Kosmonaut*
931 29	*Lunik*

530 06 *Rationalisator*[17]
26 35 *Revanschist*[17]
430 08 *Sputnik*
430 03 *Traktorist*[17]
931 30 *Venusnik*
931 30 *Wostok*

aus dem Französischen

925 15 *Centre de Propagande Anti-Tabac*
261 24 *Coupe d'Europe*
914 31 *Deodorant*
373 03 *Force de Frappe*
923 24 *Renault Floride*
529 03 *Tour d'Egypt*

aus dem Italienischen

892 01 *Democrazia Cristiana*
430 08 *Dolce Vita*
923 24 *Familiare*

sonstige Neuentlehnungen

373 12 *Bossa Nova* (portugiesischer Tanz)
923 25 *Doble Face*[18]

2.2.2 Alte Wörter und Wortgruppen in neuer oder ungewöhnlicher grammatischer Verwendung

Änderungen in der Rektion der Verben treten hier am häufigsten auf. Bei den Substantiven konnte ungewöhnlicher Plural relativ oft verzeichnet werden. Neue grammatische Verwendung ganzer Wortgruppen wurde erwartungsgemäß selten festgestellt.

Beispiele:

Verben: Änderung der Rektion

transitiv statt intransitiv oder reflexiv

925 06 *abwinken* ("Nach sechs Stunden werden die 'Überlebenden' abgewunken"; bei einem Autotest werden die Wagen zum Halten aufgefordert)
813 48 *agitieren* ("Ich sage das nicht, um die anwesenden Genossen zu agitieren")

528 06 *arbeiten* ("wenn die Mutter Abendschicht arbeitet")

254 08 *fahren*[19] ("Am Sonntag werden Sie ihn (einen Geschäftswagen) auch privat fahren")

143 14 *fahren* ("Eine Überraschung gab es bei den Drachen, wo der Berliner Paul Springer ein hervorragendes Rennen fuhr")

749 02 *fliegen* ("In ihr (Nachbildung einer Flugzeugkanzel) läßt sich jeder Flug...naturgetreu...fliegen")

143 14 *mitgehen* ("Die Sowjets gingen jeden Zwischenspurt der Ratzeburger mit")

930 29 *parken* ("daß sie (Motorräder) in jedem Vorgarten geparkt werden können")

530 04 *qualifizieren* ("wir halten es für erforderlich, eine Kollegin zum Schulinspektor zu qualifizieren"; vgl. 2.2.3 Alte Wörter und Wortgruppen in neuer Bedeutung)

373 01 *sekundieren* ("will die Bundesregierung die Bemühungen sekundieren")

absolut oder intransitiv statt transitiv

043 20 *arrangieren* ("daß die Regisseure an den Mischpulten der Studios geschickt arrangieren")

528 02 *ausfliegen* ("Als man ihn zwingen wollte, nach Westdeutschland auszufliegen"; statt des sonst üblichen *jemanden* (z.B. *Flüchtlinge*) *ausfliegen*)

815 96 *beschleunigen* ("Der...Wagen, der in zehn Sekunden von null auf 100 km/st beschleunigt")

605 05 *beschleunigen* ("Er (ein Autofahrer) beschleunigt scharf")

925 44 *blockieren* ("Nach 6000 Aufnahmen blockierten Auslöser und Transport")

925 09 *durchdrehen*[20] ("Es ist ja besser, die Kupplung dreht mal durch")

891 10 *einschieben* ("Hansson angelte sich das Leder und schob zum 1 : 0 ein")

891 10 *erhöhen* ("Mit einem Freistoß...erhöhten die Wiener auf 3 : 1")

778 12 *ermitteln* ("erfuhr die Staatsanwaltschaft Stuttgart von den Vorgängen. Es wurde ermittelt")

430 16 *evakuieren* ("ich habe...die Stadt verlassen und bin nach dem Osten evakuiert")
891 10 *verwässern* ("Dann verwässerte das Spiel")
925 44 *verzerren* ("Es (das Objektiv) verzerrt am Rand")

absolut oder transitiv statt reflexiv

925 50 *drehen* ("Der Ford braucht am meisten Platz, wenn er auf einer Straße dreht")
749 11 *melden* ("170 Boxer meldeten"; ugs)
527 03 *orientieren* ("Deshalb können wir darauf nicht orientieren"; ugs)
891 10 *verschießen* ("Tillburg und Kerkhoff verschossen knapp" (schossen knapp am Tor vorbei))

reflexiv statt transitiv oder absolut

815 87 *befragen* ("'Wieso', befragte sich der Kulturinquisitor über Hermlin")
143 15 *schießen* ("Die Art, wie sie (Fußballmannschaft) sich ins Endspiel schossen")

Schwanken zwischen fester und unfester Zusammensetzung

891 01 *überwälzen* ("die Lohnerhöhungen auf die Preise zu überwälzen")

ungewöhnliches Subjekt

925 32 *schalten* ("der Kühlschrank schaltet")

ungewöhnliche finite Form

813 40 *überfüllen* ("Studenten, die...den Hörsaal... überfüllten")

Flexion der Substantive:
ungewöhnlicher Plural

143 12 *Ablauf* ("Für Sterbefälle und Abläufe (von Lebensversicherungsverträgen))
254 06 *Gesetzgebung* ("der...bereits bestehenden Gesetzgebungen")
016 04 *Hilfe* ("einer über die wirtschaftlichen Hilfen hinausgehenden..Verbindung")
254 04 *Schlüsselindustrie* ("Überführung von Schlüsselindustrien...in Gemeineigentum")

813 46 *Unfreiheit*[21] ("Fragen von Studenten über Unfreiheiten in der DDR")
016 01 *Widerstand* ("von Widerständen aus den Reihen der Union")

fehlende Kasusendungen

528 07 *Internationale, die* ("empfingen uns die...Genossen mit der Internationale")
373 02 *Premierminister* ("Position des Premierminister")

ungewöhnlicher attributiver Gebrauch von Partizipien

254 15 *angeflogen* ("von den Regierungen der angeflogenen Länder")
873 43 *dosierend* ("in der dosierenden Flasche")

ungewöhnliche Steigerung

923 10 *chancenreich* ("In welchen Konkurrenzen sind die Gastgeber am chancenreichsten?")
923 09 *fernöstlich* ("von dem fernöstlichsten Inselreich")
891 06 *französisch* ("aus der französischesten der französischen Malerei")

ungewöhnlicher Gebrauch von Präpositionen: artikelloser Anschluß des abhängigen Substantivs

143 13 *abseits* ("abseits lärmenden Verkehrs")
016 17 *gemäß* ("gemäß skandinavischen Klimaverhältnissen")
143 13 *infolge* ("infolge Lohnsteigerungen")
254 28 *während* ("während Filmarbeiten in Budapest")

2.2.3 Alte Wörter und Wortgruppen in neuer Bedeutung

Östlicher und westlicher Sprachgebrauch weichen hier zum Teil von einander ab. Als Maßstab für eine Abgrenzung kann allerdings nur überwiegender, bei politischen Begriffen auch offizieller Sprachgebrauch gelten. Mit neuer Bedeutung ist hier auch neuentlehnte Bedeutung gemeint; so haben z.B. die Wörter *Aktiv, Brigade, Kader* ihre neue Bedeutung aus dem Russischen übernommen[22].

Beispiele:

(1) Wörter oder Wortgruppen, die vom geographischen oder ethnologischen zum politischen Begriff wurden, wobei jedoch die ursprüngliche Bedeutung daneben erhalten blieb

815 30 *mitteldeutsch*
933 00 *Mitteldeutschland*

Mitteldeutschland, früher nur Bezeichnung für die Region zwischen Nord- und Süddeutschland (Rheinland, Hessen, Thüringen usw.) wurde zur Zeit der Sammlung dieses Materials im amtlichen Sprachgebrauch der Bundesrepublik für die Deutsche Demokratische Republik verwendet.[23]

373 02 *ostdeutsch*
815 88 *Ostdeutsche, der*
254 07 *Ostdeutschland*

Entgegen dem amtlichen Sprachgebrauch der Bundesrepublik, der *ostdeutsch* und *Ostdeutschland* zeitweise nur für die ehemals deutschen Gebiete jenseits der Oder-Neiße-Linie vorsah[23], bezieht sich in dem hier untersuchten Material *ostdeutsch, Ostdeutsche, der* und *Ostdeutschland* immer auf die Deutsche Demokratische Republik. Alle Belege stammen aus der westdeutschen Presse.

906 48 *westdeutsch*
778 01 *Westdeutschland*

Diese beiden Wörter haben als Bezeichnung für die Bundesrepublik Deutschland weitgehend Eingang gefunden in den allgemeinen (nicht offiziellen) Sprachgebrauch des Westens wie des Ostens. Die Belege stammen nur aus der westdeutschen Presse.

016 25 *Osten*
373 02 *östlich*

Beide Ausdrücke sind in West- und Ostdeutschland weit verbreitet. Die Belege für *Osten* beziehen sich durchweg auf den gesamten Ostblock, nicht nur auf den östlichen Teil Deutschlands, die Belege für *östlich* beziehen sich zum Teil auch auf die Deutsche Demokratische Republik. Alle Belege entstammen der westdeutschen Presse.

04 04	*Westen*
016 04	*westlich*

Auch diese Bezeichnungen sind im Westen wie im Osten allgemein in Umlauf. In diesem Material werden sie überwiegend für Staaten der westlichen Bündnissysteme, nur vereinzelt für die Bundesrepublik Deutschland gebraucht, obwohl diese letzte Verwendungsweise in der Umgangssprache weit verbreitet ist. Nur ein Beleg konnte in den exzerpierten ostdeutschen Zeitungen nachgewiesen werden.

Die Komposita *Westberlin* und *Ostberlin* und ihre Ableitungen *Westberliner* und *Ostberliner* dürften früher kaum gebräuchlich gewesen sein.

923 13	*Ost und West*
430 12	*in Ost und West*
100 00	*von Ost und West*
26 11	*zwischen Ost und West*
923 01	*hüben und drüben*
26 01	*westliche Welt*
430 08	*westliches Land*

Die ersten fünf Belege meinen zum Teil Ostdeutschland und Westdeutschland, zum Teil den gesamten Ostblock und die westlichen Bündnispartner. Die Belege stammen aus der westdeutschen und aus der ostdeutschen Presse.

(2) Wörter, die vorwiegend im östlichen Teil Deutschlands in veränderter Bedeutung auftreten

430 16	*Brigade*
906 48	*Kader*
527 12	*Pionier*
530 04	*operativ* ("Sind sie (die Schlußfolgerungen) operativ genug? Greifen sie...unmittelbar in das Schulgeschehen ein?")
254 23	*parteilich*
26 01	*revisionistisch*
527 04	*verdient* ("verdiente Meisterin des Sports")
530 04	*befähigen* ("Wir befähigen die Direktoren, den Pädagogischen Rat zum Zentrum der...Auseinandersetzungen...zu machen"; vgl. 2.2.2 Alte Wörter und Wortgruppen in neuer grammatischer Verwendung)

437 02 *mitregieren*
530 02 *qualifizieren* ("wir halten es für erforderlich, eine Kollegin zum Schulinspektor zu qualifizieren"; vgl. 2.2.2 Alte Wörter und Wortgruppen in neuer grammatischer Verwendung)

Die hier aufgeführten Wörter haben zum größten Teil eine Bedeutungsverengung erfahren, indem sie auf ganz bestimmte politisch-ideologische Inhalte festgelegt wurden. Einige von ihnen haben Schlagwortcharakter angenommen.

(3) Wörter und Wortgruppen, die vorwiegend in der Bundesrepublik Deutschland in veränderter Bedeutung auftreten

04 04 *Zone* (für *Sowjetische Besatzungszone* oder *Sowjetzone*; gleichzeitig unter Kurzwort (2.1.3.5) verzeichnet. Belege nur in der westlichen Presse)
261 68 *Satellit* (für *Satellitenstaat*; gleichzeitig unter Kurzwort (2.1.3.5) verzeichnet; Beleg nur in der westlichen Presse)
254 02 *Bund*[24]
891 08 *Grill* (ursprünglich *Bratrost*, jetzt auch Lokal, in dem man gegrillte Speisen erhalten kann)
373 01 *europäisch* ("bei der Entwicklung einer 'europäischen'... Waffe")
26 01 *atlantisch* (Bezug auf den Nordatlantikpakt, gleichzeitig Kurzwort (2.1.3.5))

(4) Eigennamen, die zum Namen für ein Produkt geworden sind

778 07 *Ford*
749 09 *Heinkel*
778 07 *Opel*
778 07 *Peugeot*
749 09 *Porsche*

Diese Wörter können gleichzeitig als Kurzformen (2.1.3.5) aufgefaßt werden: *Opel* statt *Opelwagen*.

(5) Wörter, deren fachsprachliche Bedeutung in die Gemeinsprache eingedrungen ist

016 01	*Information*	
814 30	*Kneter*	(für eine Maschine)
814 38	*Kommunikation*	
814 44	*Operator*	(Computer-Techniker)
814 33	*Regler*	("der Schalthebel rückt auf 'Regler'")
906 61	*Schlepper*	(für eine Maschine)
814 37	*Steuerung*	(als kybernetischer Begriff)
528 03	*Straße*	(in der Produktion; "Fertigungsweise: vollautomatische Straßen")
814 33	*regeln*	(von Maschinen)
814 33	*steuern*	(von Maschinen)

Vgl. hierzu auch die unter 2.1.3.4, 2.1.8 und 2.1.1 aufgeführten Belege aus der Atomforschung, Raketentechnik, Kybernetik usw.

2.2.4 Alte Wörter und Wortgruppen, die in neuer bildlicher oder übertragener Verwendung auftreten

Zwischen bildlicher und übertragener Verwendung ist hier nicht unterschieden worden. Die meisten Belege dieser Gruppe sind Gelegenheitsbildungen. Das Nachrichtenmagazin "Der Spiegel" bot besonders reiches Material. Gegen 2.2.3 (Alte Wörter und Wortgruppen in neuer Bedeutung) konnte nicht immer eine scharfe Abgrenzung gefunden werden. Im allgemeinen wurde so entschieden, daß festgewordene Übertragungen unter 2.2.3 und okkasionelle Übertragungen hier verzeichnet wurden.

Beispiele:

814 33	*Babysitter*	("die Babysitter vor den Schaltknöpfen"; Arbeiter in automatisierten Betrieben)
143 02	*Beschwörungsformel*	("die Beschwörungsformeln seiner (Ulbrichts) Funktionäre")
923 04	*Drehscheibe*	("daß Polen zur Drehscheibe der ideologischen Konkurrenz zwischen West und Ost geworden sei")
814 33	*Einmarsch*	("Der Einmarsch der Roboter in die Bundesrepublik")
043 01	*Erdrutsch*	("Sollte sich auf ihm (dem Konklave) der Erdrutsch wiederholt haben, der auf dem Konzil eingetreten war")

261 06 *Freistilringen* ("Freistilringen in Algeriens Führungsgruppe")
814 37 *Fühler* ("Die mit elektrischen Gehirnzellen, radargesteuerten Fühlern...ausgerüsteten Blechproleten"; automatische Betriebsanlagen)
814 37 *Gehirnzelle* ("Die mit elektrischen Gehirnzellen... ausgerüsteten Blechproleten")
26 15 *Gehversuch* ("in einem Alter, in dem andere Erzähler ihre ersten Gehversuche absolvieren")
814 33 *Nervenzentrum* ("Im Nervenzentrum des Konzerns führt ein Elektronengehirn...Rechenoperationen aus")
605 02 *Schußfeld* ("Die Fotografen baten um mehr Schußfeld")
373 05 *Troika* ("die Troika Chruschtschow-Breschnew-Podgorny")
530 04 *Zusammengehen, das* ("Die Hoffnungen der Filmhansa-Geldgeber, beim Zusammengehen mit der UFA")
261 06 *aufgezäumt* ("eine von Linken und Bürgerlichen aufgezäumte Mischregierung")
143 09 *ausfransen* ("Schon wieder ist die Idee am Rande ausgefranst")
906 62 *einfrieren* ("Da werden Verben in Substantive eingefroren")
826 30 *trockenlegen* ("den Bund finanziell trockenlegen zu wollen")
923 06 *überleben* ("hätte er (ein Betrieb) wenig Aussichten, auch in der Zukunft zu überleben")
043 01 *die Tür aufstoßen* ("Die Tür, die Papst Johannes aufgestoßen hat")
529 01 *grünes Licht geben* ("Das würde...grünes Licht für viele afro-asiatische Länder geben")
923 04 *hoffähig machen* ("den sozialistischen Realismus wieder hoffähig zu machen")
016 02 *klein schreiben* ("Manche bekannten...Vorwürfe sind darin (in einer sowjetischen Note zur Deutschlandfrage) klein geschrieben")
826 39 *die Luft ist raus* ("Drei Stunden später erfuhr... Frank...von dem einsamen Entschluß seines großen Kameraden. Frank im Redaktionskreis: 'Jetzt ist die Luft raus.'")

2.3. Veraltete, nicht mehr allgemein gebräuchliche Wörter und Wortgruppen, die – meist aus stilistischen Gründen – wieder verwendet werden

Beispiele:

143	09	*Begehrnis*
929	04	*Feuchte*
826	16	*Historie*
826	16	*Mime*
04	04	*Moskowiter*
069	02	*Vürnehmtuerei*
527	01	*Waffenhandwerk*
923	41	*hochgemut*
826	39	*trutzig*
826	51	*küren*
016	01	*allerorten*
873	02	*vorab*
386	01	*denn* ("dauerhafter denn Erz")
930	29	*so* ("so man einen hat")
145	14	*in schönen Landen*
430	07	*um und um* ("Er war ihre Liebe um und um")
145	07	*des zum Beweise*

3 STRUKTURTYPEN

In diesem Teil der Arbeit soll untersucht werden, welche formalen Mittel bei der Erweiterung des lexikalischen Bestandes im heutigen Deutsch eine Rolle spielen.

Für Zahlenangaben gelten die in der Einführung (1) gemachten Einschränkungen.

3.1 H a u p t t y p e n

Viele Probleme auf dem Gebiet der Wortbildung sind noch ungelöst. Es konnte nicht das Ziel dieser Untersuchung sein, ein den Bereich der Wortbildung umfassendes Teilmodell einer generativen Grammatik zu liefern. Für die folgende Klassifizierung des Materials nach formalen Gesichtspunkten bot Motschs Aufsatz "Zur Stellung der 'Wortbildung' in einem formalen Sprachmodell" brauchbare Kriterien. Motsch unterscheidet nach ihrer syntaktischen Funktion vier Morphemklassen[25]:

Wurzeln
Präfixe
Derivationsmorpheme
Flexionsmorpheme

F l e x i o n s m o r p h e m e sind nach dieser Definition Elemente, die "stets auf der obersten Ableitungsstufe der Einheiten stehen, die durch Wortgrenzen markiert werden".

S t ä m m e sind zunächst einmal "Nicht-Flexionsmorpheme", sodann "Morphemsequenzen bzw. Morpheme, die mit Flexionsmorphemen(sequenzen) eine Konstruktion bilden"[26]. Stämme fallen entweder mit Wurzelmorphemen zusammen, oder sie stellen eine Konstruktion aus Wurzelmorphemen und Präfixen und bzw. oder Derivationsmorphemen dar.

W u r z e l m o r p h e m e sind Morpheme, die "allein einen Stamm ersetzen" oder mit Präfixen oder Derivationsmorphemen "eine Konstruktion bilden".

D e r i v a t i o n s m o r p h e m e sind "Morpheme, die mit linksstehenden Stämmen Konstruktionen bilden".

P r ä f i x e sind "Morpheme, die mit rechtsstehenden Stämmen Konstruktionen eingehen".

Stämme, "die mit Derivationsmorphemen Konstruktionen eingehen", heißen B a s i s,

"Konstruktionen aus Basis + Derivationsmorphem" - A b l e i t u n g (A),

"Konstruktionen aus Stamm + linksstehendem Präfix"- P r ä f i g i e r u n g (P),

"Konstruktionen aus Stamm + Stamm" - K o m p o s i t i o n (K).

W ö r t e r sind nach der Definition von Motsch "entweder Stämme oder Konstruktionen, die aus Stamm und aus Flexionsmorphemen(sequenzen) bestehen".

Für Derivationsmorpheme wird in dieser Untersuchung die Bezeichnung S u f f i x, für Wörter, deren Stamm mit einem Wurzelmorphem zusammenfällt, die Bezeichnung S i m p l e x verwendet. Präfigierungen, Ableitungen oder Komposita einer fremden Sprache, die im Deutschen isoliert auftreten, gelten als Simplizia (*Swimmingpool, Diakon*). Fremdsprachige Ableitungen, Präfigierungen oder Komposita, die Wortfamilien bilden und deren einzelne Morpheme oder Morphemsequenzen auch für unser Sprachgefühl abtrennbar sind, werden wie deutschsprachige Konstruktionen behandelt (*Kommun-e, -ist, -ismus* usw.; *Kosmonaut* - beide Bestandteile erscheinen in zahlreichen Verbindungen: *Kosmos, Kosmopolit, Kosmogonie; Nautik, nautisch, Nautiker Astronaut* usw.).

Abkürzungen werden im folgenden getrennt von den übrigen Wortbildungstypen aufgeführt, da es für Einzeluntersuchungen nützlich sein könnte, hier spezielle Angaben vorzufinden.

Abkürzungen + Suffix gelten als Ableitung, zusammengesetzte Abkürzungen als Komposita.

Morpheme, die die Fähigkeit haben, allein einen Stamm zu ersetzen, dürfen nach der gegebenen Definition nicht zu den Prä- oder Suffixen gerechnet werden; *angeben, aufrichten* sind also als Komposita anzusehen. Lautgleiche Morpheme mit verschiedener Bedeutung werden als Homonyme aufgefaßt: Substantiv *Fach* und *-fach* in *mehrfach*, Adjektiv *mäßig* und *-mäßig* in *rechtmäßig*.

Da Ableitungen und Präfigierungen eine Reihe von Merkmalen gemeinsam haben, werden sie in der allgemeinen Übersicht über die Hauptstrukturtypen (3.1 und 3.2) zusammen behandelt. Eine Trennung der beiden Typen schien erst in 3.4 zweckmäßig.

Die bisher erwähnten Konstruktionstypen stellen im Sinne der Definition Wörter dar. Außer Wörtern wurden in diese Sammlung auch W o r t g r u p p e n aufgenommen, d.h. syntaktische Konstruktionen aus mehreren Wörtern, im allgemeinen keine Sätze, sondern Satzteile (entsprechend engl. "phrases").

Das Material ist also nach folgenden Haupttypen gegliedert:

- Wörter
  - Simplizia
  - Ableitungen,Präfigierungen
  - Komposita
  - Abkürzungen
- Wortgruppen

Häufigkeit der Haupttypen

72 Prozent[27] des Gesamtmaterials sind Wörter, 28 Prozent sind Wortgruppen. Von den Wörtern entfallen auf Komposita 83 Prozent, auf Ableitungen und Präfigierungen 9 Prozent, auf Simplizia 5 Prozent und auf Abkürzungen 3 Prozent.

Der Anteil der Komposita am Gesamtmaterial beträgt 60 Prozent, der Anteil der Ableitungen und Präfigierungen 7 Prozent, der der Simplizia 3 Prozent und der der Abkürzungen 2 Prozent.

Eine Erweiterung des Wortbestandes findet also vor allem durch Komposition statt. Neue und neuverwendete Ableitungen und Präfigierungen treten demgegenüber relativ selten auf. Neue deutsche Simplizia konnten gar nicht verzeichnet werden; bei den aufgenommenen Simplizia handelt es sich durchweg um Neuentlehnungen, neuverwendete ältere Wörter u.ä..

3.2 W o r t a r t z u g e h ö r i g k e i t d e r H a u p t t y p e n

Der weitaus größte Teil der aufgenommenen Wörter, nämlich 85 Prozent, gehört zur Wortart Substantiv.

5 Prozent der Substantive sind Eigennamen[28]. 10 Prozent der Wörter sind Adjektive und 4 Prozent Verben. Die übrigen Wortarten sind jeweils mit weniger als einem Prozent oder gar nicht vertreten.

Von den Simplizia (insgesamt 700 Belege) sind 72 Prozent Substantive. 19 Prozent der Substantive sind Eigennamen. 15 Prozent der Simplizia sind Verben, 9 Prozent Adjektive, 2 Prozent Präpositionen oder Konjunktionen. Die übrigen Wortarten sind jeweils mit weniger als einem Prozent oder gar nicht vertreten.

Von den Ableitungen und Präfigierungen (insgesamt 1350 Belege) sind 51 Prozent Substantive. 36 Prozent sind Adjektive, 12 Prozent Verben und 2 Prozent Adverbien. Die übrigen Wortarten sind hier erwartungsgemäß nicht vertreten.

Von den Komposita (insgesamt 11 975 Belege) sind 90 Prozent Substantive. 8 Prozent der Komposita sind Adjektive, 2 Prozent Verben. Die übrigen Wortarten sind jeweils mit weniger als einem Prozent oder gar nicht vertreten.

Alle Abkürzungen (insgesamt 450 Belege) sind Substantive. Ein großer Teil der Abkürzungen sind Eigennamen. Eine Trennung zwischen Eigennamen und Gattungsbezeichnungen konnte hier nicht vorgenommen werden.

Eine Einteilung der Wortgruppen nach Wortarten ist insofern möglich, als die Wortart des Kerns für die ganze Konstruktion als bestimmend angesehen werden kann. Ausgenommen hiervon sind selbstverständlich ganze Sätze. Als Kerne von Wortgruppen traten in dem vorliegenden Material Substantive, Adjektive, Verben, Adverbien und Zahlwörter auf. Es konnte dementsprechend zwischen Substantiv-, Adjektiv-, Verbal-, Adverbial- und Zahlwortgruppen unterschieden werden. Von den aufgenommenen Wortgruppen (insgesamt 5525 Belege) sind 85 Prozent Substantivgruppen. 6 Prozent der Substantivgruppen sind Eigennamen. 12 Prozent der aufgenommenen Wortgruppen sind Verbalgruppen, 2 Prozent Adjektivgruppen, alle übrigen Typen sind mit weniger als einem Prozent vertreten.

Übersicht über die Wortartzugehörigkeit der Haupttypen[29].

	Substantive	davon Eigennamen	Adjektive	Verben	Adverbien	sonstige Wortarten
Wörter	85	5	10	4	weniger als 1	weniger als 1
Simplizia	72	19	9	15	weniger als 1	3
Ableitungen Präfigierungen	51		36	12	2	
Komposita	90		8	2	weniger als 1	weniger als 1
Abkürzungen	100					
Wortgruppen	85	6	2	12	weniger als 1	weniger als 1

Die Übersicht zeigt, daß in allen Strukturtypen die Wortart Substantiv vorherrscht. Ein verhältnismäßig geringer Prozentsatz davon sind Eigennamen. Bei den Wörtern insgesamt übertrifft sodann der Anteil der Adjektive den der Verben, bei den Wortgruppen ist es umgekehrt. Bei den einzelnen Worttypen (Simplizia, Ableitungen und Präfigierungen, Komposita) ist das Verhältnis zwischen diesen beiden Wortarten schwankend. Bei den Komposita und den Ableitungen und Präfigierungen überwiegen die Adjektive, bei den Simplizia die Verben. Daß die übrigen Wortarten sehr gering belegt sind, hängt mit den im Vorwort und in der Einleitung erläuterten Prinzipien für die Auswahl der Belege zusammen.

3.3 K o m p o s i t i o n s t y p e n

3.3.1 Klassifizierung nach der Zahl der Glieder

Um eine Übersicht über den äußeren Umfang der Komposita zu gewinnen, wird hier zunächst nach der Zahl der Glieder unterschieden, wobei die Tatsache, daß die meisten Komposita ihrer Konstituentenstruktur nach nur aus zwei Teilen, nämlich aus Grund- und Bestimmungswort, bestehen, außer acht gelassen wird.

Von 11 975 Komposita sind 64 Prozent in diesem Sinne zweigliedrig, 29 Prozent dreigliedrig und 7 Prozent vier- und mehrgliedrig.

3.3.1.1 Aufteilung nach Grund- und Bestimmungswort

Die zweigliedrigen Komposita sind auch ihrer Konstituentenstruktur nach zweigliedrig. Bei den drei-, vier- und mehrgliedrigen Komposita kann der Haupteinschnitt, d.h. die Grenze zwischen Grund- und Bestimmungswort, nach jedem Glied außer nach dem letzten liegen. Ausgenommen hiervon sind wenige Sonderfälle, wie z.B. Kopulativkomposita.

Bei den dreigliedrigen Komposita liegt der Haupteinschnitt bei 44 Prozent nach dem ersten Glied, bei 55 Prozent nach dem zweiten Glied. Der Rest entfällt auf Gruppen, die keinen Haupteinschnitt haben.

Bei den vier- und mehrgliedrigen Komposita liegt der Haupteinschnitt bei 22 Prozent nach dem ersten Glied, bei 55 Prozent nach dem zweiten Glied, bei 20 Prozent nach dem dritten Glied und bei 2 Prozent nach einem der folgenden Glieder. Der Rest entfällt auf Gruppen, die keinen Haupteinschnitt haben.

Übersicht über die Aufteilung der Komposita nach Grund- und Bestimmungswort[29]

	Haupteinschnitt				Sonstiges
	nach 1.Gl.	nach 2.Gl.	nach 3.Gl.	nach 4.Gl.	
zweigl.Komp.	100	--	--	--	--
dreigl.Komp.	44	55	--	--	1
vier- und mehrgl.Komp.	22	55	20	2	1

Beispiele für zweigliedrige Komposita:

430	07	*Atombombe*
885	02	*Bildschirm*
04	27	*Cocktailparty*
261	71	*Dauerslogan*
923	21	*Faserplatte*
254	09	*Gangsterstory*
914	17	*Haarspray*
914	77	*Jazz-Symbol*
254	04	*Kernwaffe*
529	02	*Lohnkampf*
826	36	*Mammuttest*
004	22	*Night-Club*
892	07	*Oststaat*
016	02	*Parteikader*
254	14	*Rahmenplan*
437	07	*Schlammkrieg*
930	66	*Traumwagen*
923	21	*Volvo-Auto*
527	02	*Westzone*
906	48	*Zeitkino*
148	00	*europareif*
26	16	*experimentierfreudig*
26	35	*kälteführend*
873	37	*linientreu*
254	25	*nichtfigürlich*
925	49	*säureregulierend*
930	28	*abchaisen*
906	63	*anfunken*
437	08	*nachsynchronisieren*
143	06	*vorklären*
04	07	*vornliegen*
873	30	*wegsprühen*

Beispiele für dreigliedrige Komposita:

(1) Haupteinschnitt nach dem ersten Glied

143	09	*Arbeiterfestspiele*
529	02	*Betriebsparteiorganisation*
826	36	*BP-Tankstelle*
528	08	*Großbaustelle*
891	07	*Holzbauelement*
815	67	*Kaffee-Kleinstaat*
826	22	*Leninfriedenspreis*
254	15	*Mittelfahrzeug*

143	15	*Präzisionsfußball*
925	15	*Raucher-Entwöhnungspille*
430	15	*Schulalltag*
923	30	*Studentenreisedienst*
254	12	*Tageshöchsttemperatur*
923	26	*Turmdrehkran*
254	01	*Verteidigungsstreitkraft*
373	05	*Vollmitglied*
826	81	*agressiv-freigeistig*
744	11	*hochüberlegen*
923	25	*zuckeraufgebessert*

(2) Haupteinschnitt nach dem zweiten Glied

906	64	*Allsichtkanzel*
914	62	*Augenbrauenbalken*
145	03	*Brückenbaugerät*
016	05	*Datenverarbeitungssystem*
826	70	*Düsenflugerfahrung*
906	67	*Elektronenstrahlschweißen*
923	09	*Fremdenverkehrsdirektor*
923	22	*Kundendienstingenieur*
143	16	*Maschendraht-Konstruktion*
04	26	*Maschinenbau-Studium*
145	07	*Massengutfrachter*
914	47	*Pflanzenfett-Basis*
261	35	*Reihenhausgelände*
143	12	*Selbstbedienungsladen*
885	06	*Selbsthilfe-Aktion*
925	56	*Sonnenbrillen-Test*
826	13	*US-Army-Guerilla*
527	08	*allgemeinmilitärisch*
914	79	*alltagsblaß*
826	68	*weltraumtauglich*
923	25	*herauszüchten*
930	30	*herumkarriolen*
26	34	*hinwegdiskutieren*
527	09	*zusammenplündern*

Beispiele für vier- und mehrgliedrige Komposita:

(1) Haupteinschnitt nach dem ersten Glied

812	18	*CDU-Wohnungsbauminister*
873	66	*Combi-Tonbandgerät*
891	08	*Efasit-Hühneraugentinktur*
815	25	*Foertsch-Nachfolgekandidat*

826 38 *Marine-Bundesvizepräsident*
016 04 *Nato-Atomstreitmacht*
145 07 *Patna-Langkornreis*
04 02 *Polaris-Unterseeboot*
885 61 *SPD-Bundestagsabgeordnete*
254 02 *Steuermehraufkommen*
815 95 *US-Raumfahrt-Experte*
143 13 *Welt-Erdöl-Kongreß*
892 08 *Weltweizenabkommen*

(2) Haupteinschnitt nach dem zweiten Glied

254 14 *Abwasservorflut*
143 16 *Autobahn-Leitplanke*
145 08 *Bürohausneubau*
923 21 *Fahrlehrer-Abendkurs*
430 03 *Feldbau-Traktorenbrigade*
744 06 *Funktaxenalleinfahrerin*
145 13 *Fußball-Personenkult*
254 10 *Hauttyp-Pflegemittel-Reihe*
923 07 *Hochdruckwetterlage*
744 05 *Kernwaffen-Streitmacht*
885 58 *Kleinbild-Spiegelreflex-Kamera*
123 35 *Langstrecken-Düsenverkehrsflugzeug*
885 12 *Massenkonsum-Zeitalter*
254 09 *Schlitzwandbauweise*
929 02 *Sowjetzonen-Grenzpolizist*
043 12 *Stahlbetonfertigteil*
528 03 *Wassersportstützpunkt*
530 06 *Wintersportwetterbericht*

(3) Haupteinschnitt nach dem dritten Glied

925 21 *Altbaumietenverordnung*
923 07 *Atomteststop-Verhandlung*
923 38 *Briefmarken-Sammlerverein*[30]
885 02 *Damenoberbekleidungs-Industrie*
528 02 *Eisschnellaufpunkt*
043 11 *Erdölverarbeitungstechnik*
814 46 *Fernsehgeräte-Fabrikant*
892 06 *Festspielhausumbau*
430 18 *Großbaustellenleiter*
527 03 *Grundwehrdienstzeit*
778 10 *Halbschwergewichtsmeister*
999 71 *Kraftfahrzeugkunde*
261 13 *Nobelpreisträgertagung*

923 38 *Postwertzeichenpapier*
430 12 *Stabhochsprung-As*
437 07 *aneinanderklimpern*

(4) Haupteinschnitt nach einem späteren als dem dritten Glied

043 01 *Krankenversicherungsneuregelungsgesetz* (Einschnitt nach dem vierten Glied)
778 10 *Oberliga-Torjägerliste* (Einschnitt nach dem vierten Glied)
004 15 *umeinanderherum-sitzen*

3.3.2 Klassifizierung der Komposita nach der Struktur ihrer Glieder

Komposita waren in 3.1 als Konstruktionen aus zwei Stämmen definiert. Als Stämme kamen Simplizia, Ableitungen, Präfigierungen und selbst wieder Komposita in Frage. Alle diese Strukturtypen können auch Basis für eine Ableitung oder Präfigierung oder Glied eines Kompositums sein usw. Für eine solche streng hierarchische Analyse der Kompositionsglieder standen bei der Verschlüsselung nicht genügend Spalten zur Verfügung; es mußte deshalb einer vorwiegend linearen Beschreibung der Vorzug gegeben werden. (Für das leichter überschaubare Material der Ableitungen und Präfigierungen konnte eine konsequent hierarchische Gliederung nachträglich bei der Auswertung geleistet werden; für die große Anzahl der Komposita war eine solche Analyse nicht mehr möglich.)

Folgende Modifikationen ergeben sich gegenüber der hierarchischen Ordnung: Die Möglichkeit, einen der beiden Stämme durch ein Kompositum zu ersetzen, entfällt bei einer linearen Beschreibung der Glieder. Präfigierungen und Ableitungen werden als p + w, w + s und p + w + s dargestellt, wobei p und s für eine beliebige Anzahl von Prä- bzw. Suffixen stehen. Bei p + w und w + s ist auf jeden Fall auch die letzte Wortbildungsstufe eine Präfigierung bzw. Ableitung; bei p + w + s muß offen bleiben, ob es sich um die Präfigierung einer Ableitung oder die Ableitung einer Präfigierung oder um eine gleichzeitig präfigierte und abgeleitete Konstruktion handelt (vgl. 3.4). Eine Differenzierung nach w, p + w, w + s und p + w + s erwies sich allerdings nur bei den Substantiven, Verben und Adjektiven als ergiebig; Vertreter der übrigen Wortarten wurden nur als Stämme charakterisiert. Außer den besprochenen Typen treten auch Wortgruppen und gelegentlich ganze Sätze als Kompositionsglieder auf: *Drei-Generationen-Familie*, *Bord-an-Bord-Kampf* (*Drei Generationen* und *Bord an Bord* sind keine Komposita, sondern Wortgruppen), *Wieviel-darf-ich-trinken-Tabelle* (*Wieviel darf ich trinken* ist ein vollständiger Satz). Hier hätte eine lineare Darstellung zu starken Verzerrungen geführt; Wortgruppen und Sätze wurden also als e i n Glied aufgefaßt. Abkürzungen und Kunstwörter wurden als Sonderformen der Wortbildung getrennt von den übrigen Wortbildungstypen behandelt. Ebenso empfahl es sich, unselbständige Stämme (*-kunft* in *Auskunft*, *ramm-* in *rammdösig*) und verkürzte Stämme (*Kosmo-* in *Kosmonaut*; *einzel-*, *sonder-*, *Polit-* in zahlreichen Verbindungen) gesondert aufzuführen.

Folgende Typen von Kompositionsgliedern wurden also unterschieden:

w
p + w
w + s
p + w + s
St
unselbständiger St
verkürzter St
Abk
Kunstwort
WG
Satz

Ein weiterer Gesichtspunkt bei der Beschreibung der Kompositionsglieder ist die Wortartbestimmung. Dabei wurden Eigennamen getrennt von Substantiven und Partizipien getrennt von Verben bzw. Adjektiven behandelt. Zu den Zahlwörtern wurden Grundzahlen und Brüche gerechnet; Ordnungszahlen wurden als Adjektive angesehen. Auf eine Wortartzuordnung der Wortgruppen und der unselbständigen Stämme wurde hier verzichtet. Der substantivische bzw. Eigennamen-Charakter von Abkürzungen und Kunstwörtern wurde nicht besonders hervorgehoben. Eigennamen wurden grundsätzlich als Simplizia gebucht.

Durch die Wortartzuordnung ergibt sich folgende Differenzierung der Kompositionsgliedtypen:

St_S

- w_S
- $(p + w)$
- $(w + s)_S$
- $(p + w + s)_S$
- w_E
- verkürzter St_S

St_V

- w_V
- $(p + w)_V$

$St_{Part\ I}$

$St_{Part\ II}$

St_{Adj}

- w_{Adj}
- $(p + w)_{Adj}$
- $(w + s)_{Adj}$
- $(p + w + s)_{Adj}$
- verkürzter St_{Adj}

St_{Adv}

$St_{Präp}$

St_{Pron}

St_{Art}

St_Z

St_{Konj}

St_{Interj}

unselbständiger St
Abk
Kunstwort
WG
Satz

Für die Bestimmungsglieder kommt ein weiteres Merkmal hinzu: das Vorhandensein und die Art von Fugenmorphemen. Die Substantivfugen werden in ihrem Wortlaut wiedergegeben; bei Verben, Partizipien und Adjektiven wird nur auf das Vorhandensein von Fugen hingewiesen.

Insgesamt sind also die folgenden Klassifizierungsmöglichkeiten für Kompositionsglieder vorgesehen. (Da die einzelnen Typen in den nächsten Kapiteln häufig verschlüsselt wiedergegeben werden, schien es angebracht, die Schlüsselzahlen noch einmal mit aufzuführen.)

00	w_S
01	w_S + *e/o*
02	w_S + *(e)n*
03	w_S + *er*
04	w_S + *(e)s*
05	$(p + w)_S$
06	$(p + w)_S$ + *e/o*
07	$(p + w)_S$ + *(e)n*
08	$(p + w)_S$ + *er*
09	$(p + w)_S$ + *(e)s*
10	$(w + s)_S$
11	$(w + s)_S$ + *e/o*
12	$(w + s)_S$ + *(e)n*
13	$(w + s)_S$ + *er*
14	$(w + s)_S$ + *(e)s*
15	$(p + w + s)_S$
16	$(p + w + s)_S$ + *e/o*

17	$(p + w + s)_S + (e)n$
18	$(p + w + s)_S + er$
19	$(p + w + s)_S + (e)s$
20	w_E
21	$w_E + e/o$
22	$w_E + (e)n$
23	$w_E + er$
24	$w_E + (e)s$
29	verkürzter St_S
30	w_V
31	w_V + Fuge
32	$(p + w)_V$
33	$(p + w)_V$ + Fuge
34	$St_{Part\ I}$
35	$St_{Part\ I}$ + Fuge
36	$St_{Part\ II}$
37	$St_{Part\ II}$ + Fuge
40	w_{Adj}
41	w_{Adj} + Fuge
42	$(p + w)_{Adj}$
43	$(p + w)_{Adj}$ + Fuge
44	$(w + s)_{Adj}$
45	$(w + s)_{Adj}$ + Fuge
46	$(p + w + s)_{Adj}$
47	$(p + w + s)_{Adj}$ + Fuge
48	verkürzter St_{Adj}
50	St_{Adv}, $St_{Präp}$
52	St_{Pron}, St_{Art}
53	St_Z
54	St_{Konj}

55	St_{Interj}
56	Satz
57	WG
60	Abk
69	Kunstwort
70	unselbständiger St
79	Sonstiges

3.3.2.1 Klassifizierung der zweigliedrigen Komposita nach der Struktur des Grundworts

Wie bereits erwähnt, ist bei den zweigliedrigen Komposita eine lineare Darstellung der Glieder identisch mit einer Klassifizierung nach Grund- und Bestimmungswort.

Die einzelnen Typen werden der besseren Überschaubarkeit wegen im folgenden verschlüsselt wiedergegeben; die Auflösung ist in 1.2.3.5 und 3.3.2 zu finden.

Als Grundwörter der zweigliedrigen Komposita erscheinen 21 verschiedene Typen:
00, 05, 10, 15, 20, 30, 32, 34, 36, 40, 42, 44, 46, 50, 52, 53, 57, 60, 69, 70, 79.

Häufigkeit dieser Typen:

00	:	46 Prozent
10	:	25 "
15	:	7 "
05	:	5 "
30	:	4 "
44	:	3 "
40	:	3 "
36	:	2 "
34	:	1 "

Alle übrigen Typen sind mit weniger als einem Prozent vertreten.

Ungefähr die Hälfte aller Grundwörter der zweigliedrigen Komposita sind substantivische Simplizia, ein Viertel substantivische Ableitungen. Präfigierungen und Bildungen mit Prä- und Suffixen sind nur bei den Substantiven stärker belegt; bei den Adjektiven und Verben überwiegen zunächst wieder die Simplizia, es folgen adjektivische Ableitungen. Alle übrigen Typen sind sehr gering belegt.

3.3.2.2 Klassifizierung der zweigliedrigen Komposita nach der Struktur des Bestimmungswortes (vgl. 3.3.2.1)

Als Bestimmungswörter der zweigliedrigen Komposita erscheinen 46 verschiedene Typen:

00, 01, 02, 03, 04, 05, 06, 07, 08, 09, 10, 11, 12, 14, 15, 17, 18, 19, 20, 22, 25, 29, 30, 31, 32, 34, 36, 37, 38, 39, 40, 41, 42, 44, 46, 48, 50, 52, 53, 55, 56, 57, 60, 69, 70, 79.

Häufigkeit dieser Typen:

00	:	30	Prozent
20	:	8	"
02	:	7	"
50	:	7	"
60	:	7	"
40	:	6	"
10	:	5	"
14	:	5	"
30	:	4	"
19	:	3	"
04	:	3	"
09	:	2	"
44	:	2	"
05	:	2	"
70	:	1	"

Alle übrigen Typen sind mit weniger als einem Prozent vertreten.

Auch bei den Bestimmungswörtern überwiegt der Anteil der affixlosen Substantive bei weitem. Der Anteil der Eigennamen ist bei den Bestimmungswörtern wesentlich höher als bei den Grundwörtern. Die Substantivfugen *(e)n* und *(e)s* sind am häufigsten belegt. Der Anteil der Verben liegt etwas unter dem der Adjektive. Abkürzungen, Prä-, positionen und Adverbien treten hier sehr viel häufiger auf als bei den Grundwörtern.

Über Art und Häufigkeit der Verbindung der einzelnen Grund- und Bestimmungsworttypen gibt die folgende Liste Auskunft.

Die Zahlen in der ersten horizontalen Reihe bezeichnen den Grundworttyp, die Zahlen in der ersten vertikalen Reihe bezeichnen den Bestimmungsworttyp. Die Zahlen innerhalb des Feldes geben die Anzahl der festgestellten Belege für die jeweilige Kombination an. Zum Beispiel: für die Kombination 00 00 (Grundwort: w_S, Bestimmungswort: w_S) wurden 1086 Belege festgestellt, für die Kombination 00 05 (Grundwort: $(p + w)_S$, Bestimmungswort: w_S) 94 Belege, für die Kombination 17 10 (Grundwort: $(w + s)_S$, Bestimmungswort: $(p + w + s)_S$ + (*e*)*n*) 2 Belege usw.

Übersicht über die Verbindung von Grund- und Bestimmungsworttypen bei den zweigliedrigen Komposita

Bestimmungswort	Grundwort 00	05	10	15	20	30	32	34	36	40	42	44	46	50	52	53	57	60	69	70	79
00	1086	94	607	165	16	30	2	38	47	93	8	44	9			2	1	9		3	6
01	17		7	1		1		1												5	
02	280	31	147	33	3	12	1	7	10	25		6	1					3			1
03	20		12	2																	
04	114	10	84	18		2	1	2	3	12		11		1				2			
05	54	11	26	13					5	9		3									
06	2		1																		
07	7	3	6						1												
08			1																		
09	62	9	34	24	1			1	5	11	2	8		1							2
10	231	23	98	20	1	2		4	4	15		9						1		1	
11	1			1																	
12	32	5	12	4																	
14	175	34	131	30		4	1	4	3	9	2	12	1								
15	29	2	17	4	1			1				3									
17	9		2																		
18	1																				
19	112	28	69	25	1	3	1	2	1	10		9	1	1							1
20	333	43	156	26	8			4	1	4		6	1					6	2	1	
22	1	1	2	1																	
25	1		2																		
29	1		1																	1	
30	209	31	57	12		7		1		13		7						2		1	
31	29	2	13	2						1		1			1						

Bestim-mungswort	Grundwort																				
	00	05	10	15	20	30	32	34	36	40	42	44	46	50	52	53	57	60	69	70	79
32		1	1																		
34	1		1							1											
36	4					2						2									
37	2		1																		
38	1																				
39	2									1											
40	157	20	87	20	4	23		8	47	19	1	41	10	1						2	
41	2		1																		
42	4	2	6					1		2		4									
44	47	13	28	7		1		5	6	4	1	42							1		1
46	5		2									2									
48	34	3	13	7	3				2	4		4	1							1	
50	88	12	67	26	1	211	5	6	38	5		30	3	6	1			1		4	1
52	1		5	1			1	1	2			2									
53	2		2						1	1		1									
55	1	1																			
56	2																				
57	43	5	12	6		1			1									1			
60	231	27	158	64	9	1	1		3	3		3				2		5			
69	29		5					1		2		2					1	1			
70	37	5	29	6	1	2	1	1				13						1		6	
79	5	1	7	1						1											1

Wie aus der Liste hervorgeht, hat die Kombination zweier affixloser Substantive (00 00) den größten Anteil, es folgen die Kombinationen von affixlosem und suffigiertem Substantiv (00 10), von Eigenname und affixlosem Substantiv (20 00), die Verbindung zweier affixloser Substantive durch die Fuge *(e)n* (02 00) sowie die Verbindung von suffigiertem und affixlosem Substantiv (10 00). Insgesamt weisen die zweigliedrigen Komposita 307 verschiedene Kompositionstypen auf.

In der folgenden Liste sind diejenigen Kombinationen, die mit 10 oder mehr als 10 Belegen vertreten sind, mit Beispielen aufgeführt.

Kompositionstyp	Beispiel		Anzahl der Belege
00 00	254 07	*Atomkrieg*	1086
01 00	885 61	*Ärzte-Team*	17
02 00	430 02	*Bombenbusen*	280
03 00	261 42	*Bücher-Wand*	20
04 00	373 01	*Friedenskorps*	114
05 00	373 37	*Unfallort*	54
09 00	528 01	*Unrechtsstaat*	62
10 00	373 15	*Geberland*	231
12 00	26 11	*Aktualitätenkino*	32
14 00	914 72	*Colorationsfibel*	175
15 00	815 96	*Getriebetunnel*	29
19 00	826 58	*Befestigungspunkt*	112
20 00	815 71	*Castro-Feind*	333
30 00	814 30	*Backstraße*	209
31 00	929 28	*Wendehut*	29
40 00	923 22	*Altuhr*	157
44 00	26 18	*Sozialpaket*	47
48 00	143 01	*Sondermaschine*	34
50 00	04 27	*Nicht-Stil*	88
57 00	04 01	*Zwei-Fronten-Krieg*	43
60 00	529 03	*DDR-Equipe*	231
69 00	914 31	*Lastexhose*	29
70 00	873 05	*Agrarmarkt*	37
00 05	527 02	*Zollverfahren*	94
02 05	527 02	*Frauenobjekt*	31
04 05	254 07	*Volksgefühl*	10
05 05	145 20	*Supermarktprojekt*	11

Kompositionstyp	Beispiel		Anzahl der Belege
10 05	826 12	*Trainer-Export*	23
14 05	373 01	*Siedlungsprojekt*	34
19 05	437 16	*Erkältungseffekt*	28
20 05	925 16	*Boxberger-Prospekt*	43
30 05	004 15	*Balzgesang*	31
40 05	254 21	*Schnelltransport*	20
44 05	386 05	*Kolonialproblem*	13
50 05	925 17	*Nichterfolg*	12
60 05	043 01	*DGB-Kongreß*	27
00 10	386 23	*Basiskenntnis*	607
02 10	929 26	*Freudenstimmung*	147
03 10	254 13	*Lichterzeichnung*	12
04 10	923 10	*Bootsgattung*	84
05 10	373 37	*Unfallforschung*	26
09 10	744 09	*Mißerfolgstendenz*	34
10 10	744 06	*Kipperfahrer*	98
12 10	529 01	*Elektrodendreher*	12
14 10	529 03	*Leitungstätigkeit*	131
15 10	815 85	*Koexistenz-Tourist*	17
19 10	923 21	*Bedienungskleinigkeit*	69
20 10	826 23	*Berlin-Retter*	156
30 10	529 04	*Rennrodler*	57
31 10	04 04	*Bade-Herrlichkeit*	13
40 10	261 67	*Großforschung*	87
44 10	261 74	*Zentralspannung*	28
48 10	26 01	*Sonderbündelei*	13
50 10	925 28	*Noch-Eigentümer*	67
57 10	100 00	*Zehnmächte-Konferenz*	12
60 10	100 00	*UNO-Patenschaft*	158
70 10	999 64	*Mikrokiller*	29
00 15	873 30	*Trommel-Begleitung*	165
02 15	744 06	*Kundenbelieferer*	33
04 15	528 02	*Kriegsverbrecher*	18
05 15	016 03	*Unfallverhütung*	13
09 15	744 06	*Gehaltsbedingung*	24
10 15	925 19	*Raucher-Entwöhnung*	20
14 15	373 15	*Meinungsbefragung*	30
19 15	386 37	*Bevölkerungsvermehrung*	25
20 15	923 27	*Berlinbesucher*	26
30 15	043 11	*Klopfempfindlichkeit*	12
40 15	254 06	*Gleichbehandlung*	20
50 15	923 28	*Heutbesichtigung*	26
60 15	528 06	*USA-Berater*	64

Kompositionstyp	Beispiel		Anzahl der Belege
00 20	744 09	*Film-Oskar*	16
00 30	749 10	*Paarlaufen*	30
02 30	437 20	*Höhlentauchen*	12
40 30	885 27	*naßliegen*	23
50 30	923 23	*mitbauen*	211
00 34	923 22	*raumsparend*	38
00 36	906 64	*gasbeheizt*	47
02 36	925 46	*sonnengereizt*	10
40 36	261 04	*freifinanziert*	47
50 36	430 02	*unterbelegt*	38
00 40	254 06	*facheigen*	93
02 40	815 87	*linientreu*	25
04 40	815 86	*volkseigen*	12
09 40	605 12	*verkaufsstark*	11
10 40	826 39	*hindernisfrei*	15
19 40	261 12	*verankerungsfrei*	10
30 40	914 12	*röstfrisch*	13
40 40	430 16	*dicksauer*	19
00 44	04 04	*hautfreundlich*	44
04 44	906 46	*bundesüblich*	11
14 44	386 41	*mannschaftsdienlich*	12
40 44	873 45	*vollaromatisch*	41
44 44	043 20	*frevlerisch-jugendlich*	42
50 44	254 25	*nichtfigürlich*	30
70 44	923 02	*radioaktiv*	13
40 46	004 16	*banal-unwirklich*	10

3.3.2.3 Klassifizierung der drei-, vier- und mehrgliedrigen Komposita nach der Struktur ihrer Glieder

Insgesamt wurden 1394 verschiedene Kompositionstypen bei den drei-, vier- und mehrgliedrigen Komposita festgestellt, wovon auf die dreigliedrigen 815, auf die vier- und mehrgliedrigen 579 entfallen.

Die zweigliedrigen Komposita wiesen - obwohl stärker belegt - nur 307 verschiedene Kompositionstypen auf.

Typen dreigliedriger Komposita, die mit 10 oder mehr als 10 Belegen vertreten sind

Kompositionstyp	Beispiel		Anzahl der Belege
00 00 00	254 18	*Wintersporthotel*	235
00 02 00	826 29	*Kalkseifenrand*	40
00 04 00	254 14	*Kraftwerkskette*	12
00 10 00	826 16	*Modeschöpferruhm*	38
00 14 00	999 63	*Schulleistungstest*	10
00 30 00	925 37	*Bildzählwerk*	38
00 40 00	016 07	*Sporthochschule*	20
00 50 00	261 10	*Filmvorfeld*	48
02 00 00	143 09	*Herrenmodeblatt*	24
02 30 00	437 23	*Farbenmischbrett*	12
02 50 00	254 23	*Gruppenanrecht*	19
04 00 00	885 49	*Meeres-Schaumbad*	32
10 00 00	261 71	*Gründerzeitstil*	20
10 50 00	043 01	*Bündnismitglied*	10
14 00 00	254 04	*Sicherheitsfachleute*	14
14 50 00	815 96	*Sicherheitsvorteil*	14
19 50 00	254 05	*Inspektionsanteil*	16
20 00 00	043 04	*Kennedy-Festspiel*	37
20 20 00	254 07	*Washington-Bonn-Achse*	13
20 50 00	925 56	*Weiß-Anwalt (Weiß* = Eigenname)	11
30 00 00	143 16	*Fahrbahnrand*	37
40 00 00	527 04	*Kurzfilmtag*	79
40 30 00	815 66	*Tiefkühlfisch*	52
40 50 00	885 12	*Vollmitglied*	12
48 00 00	254 21	*Doppelbett-Couch*	13
50 00 00	254 18	*Nichtlandwirt*	60
50 04 00	826 66	*Wohlstandswunder*	26
50 10 00	815 31	*Nichtarbeiter-Kreis*	19
50 14 00	373 15	*Unteroffizierstag*	34
50 30 00	145 20	*Vor-Rasierwasser*	31
50 70 00	373 13	*Zukunftsproblem*	29
60 00 00	891 10	*WAC-Tormann*	47
60 30 00	26 35	*AEG-Kühlschrank*	15
60 50 00	437 10	*LPD-Mitglied*	19
70 70 00	261 13	*Isotopen-Methode*	10
00 00 05	749 11	*Fußball-Exmeister*	35
50 00 05	923 21	*Überlandverkehr*	14
00 00 10	530 06	*Federballmeisterschaft*	116
00 02 10	992 09	*Staublungen-Forschung*	27
00 04 10	527 02	*Atomkriegsübung*	11
00 10 10	529 02	*Holzarbeiterzeitung*	13

Kompositionstyp	Beispiel		Anzahl der Belege
00 50 10	26 23	*Mietvorleistung*	61
02 00 10	923 35	*Düsenzeitalter*	10
04 00 10	528 01	*Volkskammertagung*	23
04 50 10	826 26	*Parlaments-Außenpolitiker*	10
14 50 10	778 10	*Meisterschaftsanwärter*	16
19 50 10	254 07	*Verstaatlichungsabsicht*	10
20 00 10	923 34	*Monarch-Ölbrenner*	14
20 50 10	529 04	*Zakopane-Anwärter*	14
30 00 10	873 38	*Wirkstoffträger*	19
40 00 10	254 03	*Rotkreuzhelfer*	43
40 30 10	873 14	*Rot-Sehfähigkeit*	24
50 00 10	527 07	*Vormärz-Literatur*	26
50 04 10	914 98	*Nachkriegsmalerei*	20
50 14 10	873 02	*Außenlautsprecher*	12
50 70 10	254 07	*Auskunftsdienst*	14
60 00 10	254 15	*EWG-Marktordnung*	12
60 50 10	143 01	*US-Außenminister*	18
00 00 15	043 11	*Meerwasserentsalzung*	48
00 02 15	143 16	*Briefmarkenversteigerung*	11
04 00 15	918 04	*Volkswagengetriebe*	10
40 00 15	914 35	*Vollfrontbedienung*	10
50 04 15	873 28	*Nachkriegsbedürfnis*	11
50 50 30	930 30	*herumgurken*	27
00 50 70	891 05	*Wageninsasse*	13
00 70 70	873 03	*Süddemokrat*	10

Typen vier- und mehrgliedriger Komposita, die mit 10 oder mehr als 10 Belegen vertreten sind

Kompositionstyp	Beispiel		Anzahl der Belege
00 00 00 00	261 27	*Möbelstoff-Fabrikant*	21
00 00 50 00	923 07	*Schafwoll-Unterbett*	20
40 00 30 00	254 21	*Hochschrank-Schlafzimmer*	12
00 00 50 10	744 06	*Betonwerk-Vorarbeiter*	10

Wie bei den zweigliedrigen sind bei den drei- und mehrgliedrigen Komposita Kombinationen affixloser Substantive (00 00 00, 00 00 00 00) und Kombinationen von affixlosen und suffigierten Substantiven (00 00 10) am stärksten belegt. Es folgen Konstruktionen affixloser oder suffigierter Substantive mit Adjektiven, Adverbien oder Präpositionen (40 00 00, 00 50 10, 50 00 00, 00 00 50 00). Die Fugen *(e)s* und *(e)n* treten am stärksten hervor.

Im Gesamtmaterial der Komposita, das 11975 Belege umfaßt, wurden 1701 verschiedene Kompositionstypen festgestellt. Das bedeutet, daß jedes siebte Kompositum eine andere Struktur aufweist.

3.3.3 Klassifizierung nach Transformationstypen

Eine weitere Klassifizierung der Komposita kann durch ihre Transformation in semantisch äquivalente syntaktische Konstruktionen erzielt werden. Als semantisch äquivalent gelten Konstruktionen, die den "gleichen kommunikativen Effekt" erzielen[31]. Die Transformation dient in dieser Untersuchung nicht der Erzeugung, sondern der Beschreibung und Klassifizierung von Wörtern und Wortgruppen. Daher kommen hier Transformationen in beiden Richtungen vor. Beim Kompositum *Mannschaftsstärke* wird die Wortgruppe *Stärke der Mannschaft* als Transformationsziel angegeben, bei der Wortgruppe *Stärke der Mannschaft* das Kompositum *Mannschaftsstärke*. Aus der Unterscheidung zwischen Wort und Wortgruppe ergeben sich zunächst vier Möglichkeiten der Transformation:

(1) ein Wort in ein anderes Wort,
(2) ein Wort in eine Wortgruppe,
(3) eine Wortgruppe in ein Wort,
(4) eine Wortgruppe in eine andere Wortgruppe.

Dabei dürfen keine wesentlichen Begriffe unterdrückt oder hinzugefügt werden. Als unwesentliche Unterdrückung gilt zum Beispiel das Weglassen des Wortes *Bereich* in der Wendung *im Bereich der Politik*. Die Änderung der Reihenfolge der Glieder einer syntaktischen Konstruktion ist ebenfalls eine Transformation: *Humana Anfangsnahrung* → *Anfangsnahrung Humana*. Bei der Umwandlung einer syntaktischen Konstruktion kann auch ein Teil eines Kompositums, ein Kompositionsglied, entstehen, zum Beispiel: *aus Wolle → Woll-*. Nicht transformierbare Ausdrücke, wie die meisten Klammerbildungen, Wortspiele, Verbalkomposita, Fremdwörter u.ä., mußten als solche gekennzeichnet und in die Klassifizierung nach Transformationstypen aufgenommen werden, da es für die inhaltliche Analyse von Bedeutung sein kann, ob ein Ausdruck transformierbar oder nicht transformierbar ist. Formen mit mehreren Transformationsmöglichkeiten mußten von solchen, die nur eine Transformation zulassen, geschieden werden (vgl. 1.2.3.6).

Bei der Transformation der Wortgruppen und mehrgliedrigen Komposita mußte mit größeren syntaktischen Konstruktionen gerechnet werden; deshalb steht NG sowohl für eine Nominalgruppe wie für einfaches Nomen. S dagegen steht ausschließlich für einfaches Substantiv.

Im Index zu bestimmten Nominalgruppen ist der Kasus bzw. präpositionaler Anschluß vermerkt (NG_g = Nominalgruppe im Genitiv, $NG_{\text{Präp}}$ = Nominalgruppe, die mit einer Präposition angeschlossen ist), im Index zum Infinitiv ist passivischer Gebrauch verzeichnet (Inf_{pass}).

Für die Transformation NG + NG + *betreffend* (03), Adj + *betreffend* + NG (53) und NG + *betreffend* (54) gibt es eine Reihe semantisch äquivalenter Umschreibungen, Konstruktionen mit *was betrifft*, *was angeht*, *im Hinblick auf* u.ä.; *betreffend* steht hier stellvertretend für diese Umschreibungen, obwohl es nicht immer die stilistisch beste Variante wiedergibt.

Einige Transformationen sind generell umkehrbar: V + $NG_{(\text{Präp})}$ = $NG_{(\text{Präp})}$ + V (21), Adj + *wie* + NG = *wie* + NG + Adj (35), Adj + *wie* + Präp + NG = *wie* + Präp + NG + Adj (36), Adj + $NG_{\text{Präp}}$ = $NG_{\text{Präp}}$ + Adj (40) und alle Genitivkonstruktionen.

Als Ergebnis der Transformation werden nicht nur Konstruktionen eingesetzt, die tatsächlich gebräuchlich sind, sondern auch Konstruktionen, die als möglich angesehen werden müssen, wie z.B. *Minicare-Batist* aus *Batist minicare*.

Die Auflösung der in diesem und den beiden nächsten Kapiteln verwendeten Schlüsselzahlen ist in 1.2.3.6 und in den folgenden Beispielsammlungen zu finden.

3.3.3.1

Bei den zweigliedrigen Komposita traten 31 verschiedene Transformationstypen auf:

00, 02, 03, 04, 05, 06, 07, 08, 09, 10, 11, 12, 13, 14, 15, 17, 18, 19, 21, 27, 31, 32, 35, 36, 37, 38, 39, 40, 47, 48, 53.

Häufigkeit dieser Typen:

00 : 31 Prozent
06 : 24 "
05 : 15 "
02 : 9 "
13 : 4 "
03 : 2 "
32 : 1 "
07 : 1 "
09 : 1 "

Alle übrigen Typen sind mit weniger als einem Prozent vertreten.

3.3.3.2

Bei den dreigliedrigen Komposita traten 28 verschiedene Transformationstypen auf:

00, 02, 03, 04, 05, 06, 07, 08, 09, 10, 11, 12, 13, 14, 15, 17, 18, 19, 31, 32, 35, 37, 38, 39, 40, 47, 48, 53.

Häufigkeit dieser Typen:

06 : 38 Prozent
05 : 20 "
00 : 19 "
13 : 6 "
02 : 6 "
03 : 2 "
40 : 1 "
07 : 1 "

Alle übrigen Typen sind mit weniger als einem Prozent vertreten.

3.3.3.3

Bei den vier- und mehrgliedrigen Komposita traten 20 verschiedene Transformationstypen auf:

00, 02, 03, 04, 05, 06, 07, 08, 09, 10, 11, 12, 13, 15, 19, 31, 32, 37, 40, 48.

Häufigkeit dieser Typen:

06 : 50 Prozent
05 : 18 "
00 : 13 "
13 : 6 "
02 : 4 "
03 : 3 "

Alle übrigen Typen sind mit weniger als einem Prozent vertreten.

Übersicht über die Transformation der Komposita[32]

	zweigliedrige Komposita	dreigliedrige Komposita	vier- und mehrgliedrige Komposita
00	31	19	13
06	24	38	50
05	15	20	18
02	9	6	4
13	4	6	6
03	2	2	3
32	1	-	-
07	1	1	-
09	1	-	-
40	-	1	-

Der relativ hohe Prozentsatz nichttransformierbarer zweigliedriger Komposita ist auf die zahlreichen Klammerbildungen in dieser Gruppe zurückzuführen. Unter den transformierbaren Komposita ist die Transformation NG + $NG_{Präp}$ (06) am häufigsten belegt, wobei der Anteil dieses Typs bei den zweigliedrigen Komposita ungefähr ein Viertel, bei den dreigliedrigen ungefähr ein Drittel und bei den vier- und mehrgliedrigen die Hälfte ausmacht. Umgekehrt ist das Verhältnis bei der Transformation Adj + S (02); sie ist bei den zweigliedrigen Komposita am stärksten vertreten, ihre Häufigkeit nimmt mit wachsender Gliedzahl ab.

Neben der Transformation in eine Präpositionalkonstruktion, NG + $NG_{Präp}$ (06), ist die Transformation in eine Genitivkonstruktion, NG + NG_g (05), bemerkenswert stark vertreten. Auch die Alternativtransformation dieser beiden Typen, NG + NG_g/

NG + NG$_{Präp}$ (13), weist noch relativ hohe Belegzahlen auf:

Beispiele:

00 n.tr.

437 04 *Atom-Ultra* (Klammerbildung)
145 20 *montanmüde* (Klammerbildung)
930 28 *Asthmakiste* (Umschreibung für Auto)
04 05 *Persilschein* (Umschreibung für Entnazifizierungsurkunde)
437 12 *auflaufen*
373 37 *einschleifen*
744 11 *umhobeln*

02 Adj + S

529 04 *Doppelerfolg* → doppelter Erfolg
892 01 *Großpartei* → große Partei
812 21 *Jungjurist* → junger Jurist
254 15 *Kleinfahrzeug* → kleines Fahrzeug
891 08 *Normal-Schlafzimmer* → normales Schlafzimmer
254 18 *Sofortverkauf* → sofortiger Verkauf

03 NG + NG + *betreffend*

891 07 *Stimmungstief* → Tief, die Stimmung betreffend
892 06 *Theaterinstinkt* → Instinkt, das Theater betreffend

04 App + S

906 69 *Babs-Verfahren* → Verfahren Babs
812 23 *Barth-Fall* → Fall Barth
530 06 *B-Auswahl* → Auswahl B
929 07 *Julimonat* → Monat Juli
530 01 *Nike-Zeus-Anti-Raketen-Rakete* → Anti-Raketen-Rakete Nike Zeus
437 05 *Steckenpferd-Bewegung* → Bewegung Steckenpferd
873 15 *Wyoming-Territorium* → Territorium Wyoming

05 NG + NG$_g$

605 02 *Armeemarsch* → Marsch der Armee
749 03 *Autostrom* → Strom der Autos
261 75 *Bergfreund* → Freund der Berge
049 01 *Bundeswehrführung* → Führung der Bundeswehr
016 02 *Lumumba-Erbe* → Erbe Lumumbas
04 04 *Mauerbau* → Bau der Mauer
430 17 *Modekönig* → König der Mode
143 04 *Parteichef* → Chef der Partei
812 25 *Protokollkopie* → Kopie des Protokolls

814	30	*Roboter-Ära* → Ära der Roboter
923	01	*Versuchsstop* → Stop der Versuche

06 NG + $NG_{Präp}$

528	08	*Frontstadt* → Stadt an der Front
929	04	*Meerhang* → Hang am Meer
923	22	*Dachantenne* → Antenne auf dem Dach
254	23	*Betonmauer* → Mauer aus Beton
261	25	*Geruchsbelästigung* → Belästigung durch Geruch
254	15	*Büromöbel* → Möbel für das Büro
914	74	*Fuß-Lotion* → Lotion für die Füße
812	16	*Fleckschutz* → Schutz gegen Flecken
885	54	*Teamarbeit* → Arbeit im Team
749	10	*Winterarbeit* → Arbeit im Winter
891	07	*Nahtstrumpf* → Strumpf mit Naht
261	01	*Osthandel* → Handel mit dem Osten
826	26	*Ostdebatte* → Debatte über den Osten
143	14	*Startfieber* → Fieber vor dem Start
143	13	*Bauglas* → Glas zum Bauen
885	24	*Drohinstrument* → Instrument zum Drohen
815	96	*Mondflug* → Flug zum Mond

07 NG + NS

906	64	*Haftfilm* → Film, der haftet (Film = Folie)
26	24	*Schwimmbagger* → Bagger, der schwimmt
528	08	*Selbstentladewagen* → Wagen, der sich selbst entlädt
530	09	*Mordbaracke* → Baracke, in der gemordet wird (wurde)
929	16	*Eßküche* → Küche, in der gegessen werden kann
373	01	*Nichtangriffserklärung* → Erklärung, daß nicht angegriffen wird

08 NG + Inf

437	07	*Belehrungssucht* → Sucht zu belehren
373	37	*Bremsvermögen* → Vermögen zu bremsen
26	23	*Förderprivileg* → Privileg zu fördern
143	13	*Hinweispflicht* → Pflicht, (auf etw.) hinzuweisen
885	22	*Manövriermöglichkeit* → Möglichkeit zu manövrieren
016	05	*Rauchverbot* → Verbot zu rauchen
925	17	*Rauchverlangen* → Verlangen zu rauchen
043	02	*Rücktrittsabsicht* → Absicht zurückzutreten
815	95	*Startversuch* → Versuch zu starten
826	28	*Tarnbemühung* → Bemühung, (sich) zu tarnen

09 NG + *und* + NG

530 04 *Arbeiterforscher* → Arbeiter und Forscher
923 22 *Autoboot* → Auto und Boot
385 10 *Bettcouch* → Bett und Couch
254 01 *CDU/CSU* → CDU und CSU
373 05 *Marxismus-Leninismus* → Marxismus und Leninismus
814 37 *Menschmaschine* → Mensch und Maschine
892 01 *Oktober-November* → Oktober und November
527 08 *Sozialismus-Kommunismus* → Sozialismus und Kommunismus

09 NG + *als* + NG

437 06 *Facharbeiterabschluß* → Abschluß als Facharbeiter
815 90 *Intendanten-Neuling* → Neuling als Intendant
892 05 *Kosmonautenkamerad* → Kamerad als Kosmonaut
826 26 *Ministerkollege* → Kollege als Minister
437 08 *Musterkopie* → Kopie als Muster

10 Adj + S / NG + NG_g

437 03 *Monatsproduktion* → monatliche Produktion/Produktion des Monats
430 05 *Naziideologie* → nazistische Ideologie / Ideologie der Nazis
929 03 *Sowjetspion* → sowjetischer Spion / Spion der Sowjetunion[33]
143 09 *Sowjetzonen-Agentur* → sowjetzonale Agentur / Agentur der Sowjetzone[33]
373 13 *Zukunftsproblem* → zukünftiges Problem / Problem der Zunkunft[33]

11 Adj + S / NG + $NG_{Präp}$

744 06 *Gipstrennwand* → gipserne Trennwand / Trennwand aus Gips
386 06 *Kunstlederbezug* → kunstlederner Bezug / Bezug aus Kunstleder
815 88 *Ostkollege* → östlicher Kollege / Kollege aus dem Osten
043 13 *Monatsbezugspreis* → monatlicher Bezugspreis / Bezugspreis im (pro) Monat
906 46 *Nachtflug* → nächtlicher Flug / Flug in (während) der Nacht

12 NG + $NG_{Präp}$ + *und* + $NG_{Präp}$

885 60 *Frühling-Sommer-Katalog* → Katalog für Frühling und Sommer

605 10 *Nagel-Hornhaut-Spezialist* → Spezialist für Nagel(-) und Hornhaut(behandlung)
043 14 *Juli-August-Düngung* → Düngung im Juli und August
873 46 *Vitamin-Mineral-Tablette* → Tablette mit Vitamin(en) und Mineral(stoffen)

12 NG + Präp + NG + *und* + NG

925 37 *Zeit-Blenden-Kombination* → Kombination von Zeit und Blende
891 01 *Ost-West-Beziehung* → Beziehung zwischen Ost(en) und West(en)
826 24 *Ost-West-Verhandlung* → Verhandlung zwischen Ost(en) und West(en)
143 09 *Rhein-Ruhr-Gebiet* → Gebiet zwischen Rhein und Ruhr

13 NG + NG_g / NG + $NG_{Präp}$

529 03 *DDR-Equipe* → Equipe der DDR / Equipe aus der DDR
815 66 *Fischereigrenze* → Grenze der Fischerei / Grenze für die Fischerei
254 10 *Künstlerhaus* → Haus der Künstler / Haus für Künstler
143 14 *Derby-Zweiter* → Zweiter des Derbys / Zweiter im Derby
873 38 *Kreml-Herr* → Herr des Kremls / Herr im Kreml
813 49 *Havemann-Äußerung* → Äußerung Havemanns / Äußerung von Havemann

14 NG + NG_g / NG + NS

885 11 *Erzeugerland* → Land des Erzeugers (der Erzeuger) / Land, in dem (etw.) erzeugt wird (wurde)
929 01 *Rekordjahr* → Jahr des Rekords (der Rekorde) / Jahr, in dem ein Rekord (Rekorde) erzielt wurde(n)
813 43 *SED-Philosoph* → Philosoph der SED / Philosoph, der der SED angehört

15 NG + NG_g / NG + Inf

043 01 *Abschreckungskraft* → Kraft der Abschreckung / Kraft abzuschrecken
925 09 *Testmöglichkeit* → Möglichkeit des Tests / Möglichkeit zu testen
930 66 *Vorfahrtrecht* → Recht der Vorfahrt / Recht vorzufahren

17 NG + $NG_{Präp}$ / NG + Inf

430 18 *Experimentierwillen* → Willen zum Experimentieren/ Willen zu experimentieren
891 02 *Landegenehmigung* → Genehmigung zum Landen / Genehmigung zu landen
778 01 *Mordbefehl* → Befehl zum Morden / Befehl zu morden
261 04 *Sparneigung* → Neigung zum Sparen / Neigung zu sparen
892 10 *Spielbewilligung* → Bewilligung zum Spiel(en) / Bewilligung zu spielen
254 04 *Starterlaubnis* → Erlaubnis zum Start(en) / Erlaubnis zu starten
143 16 *Startkommando* → Kommando zum Start(en) / Kommando zu starten

18 NG + $NG_{Präp}$ / NG + NS

906 61 *Düngerstreumaschine* → Maschine zum Dünger streuen / Maschine, die Dünger streut
815 09 *Trockenkopiergerät* → Gerät zum Trockenkopieren (trockenen Kopieren) / Gerät, das trocken kopiert
529 03 *Lehrschwimmbecken* → Schwimmbecken zum Lehren / Schwimmbecken, in (an) dem gelehrt wird
929 28 *Wendehut* → Hut zum Wenden / Hut, der gewendet werden kann
929 29 *Wohnwagen* → Wagen zum Wohnen / Wagen, in dem gewohnt werden kann

19 NG + *wie* + NG

891 04 *Blitztempo* → Tempo wie der Blitz
992 25 *Capemantel* → Mantel wie ein Cape
923 25 *Etuikleid* → Kleid wie ein Etui
254 14 *Schaumstoff* → Stoff wie Schaum
923 37 *V-Ausschnitt* → Ausschnitt wie ein V

19 NG + *wie* + Präp + NG

826 12 *Gestapo-Methode* → Methode wie bei der Gestapo
885 59 *Meeresbad* → Bad wie im Meer (aus der Werbung für einen Badezusatz)
261 13 *Rokokoheiterkeit* → Heiterkeit wie im Rokoko
04 05 *Treibhausklima* → Klima wie im Treibhaus

21 $NG_{(Präp)}$ + V

043 04 *augenzwinkern* → mit den Augen zwinkern

528 01 *schlußfolgern* → den Schluß folgern

27 Kompositionsglied

016 06 *fleischverarbeitend* → Fleichverarbeitungs-

31 Adj + Adj

891 03 *afro-asiatisch* → afrikanisch und asiatisch
914 08 *blau-weiß* → blau und weiß
004 15 *dick-hold* → dick und hold
530 01 *klerikal-militaristisch* → klerikal und militaristisch
527 07 *königlich-faschistisch* → königlich und faschistisch
145 13 *real-abstrakt* → real und abstrakt
826 18 *trotzig-verträumt* → trotzig und verträumt
914 10 *würzig-pikant* → würzig und pikant

32 Adv + Adj

914 38 *blaugeperlt* → blau geperlt
873 41 *einzelverpackt* → einzeln verpackt
261 04 *freifinanziert* → frei finanziert
386 04 *gutgeschult* → gut geschult
814 43 *halbautomatisiert* → halb automatisiert
433 22 *hochzahlend* → hoch zahlend
923 21 *steilstehend* → steil stehend
914 93 *vollbräunend* → voll bräunend
527 01 *zentralgeleitet* → zentral geleitet
26 03 *zynisch-lächelnd* → zynisch lächelnd
143 06 *längerverdienend* → länger verdienend
914 78 *feinstpüriert* → am feinsten püriert
885 03 *meistgekauft* → am meisten gekauft
885 08 *extraflach* → extra flach
826 57 *nichtrevolutionär* → nicht revolutionär
929 30 *ineinandergequollen* → ineinander gequollen

35 Adj + *wie* + NG

885 25 *adriablau* → blau wie die Adria
929 28 *cherryrot* → rot wie Cherry
923 25 *edelsteinbunt* → bunt wie ein Edelstein
744 03 *handtellergroß* → groß wie ein Handteller
261 12 *hornhart* → hart wie Horn

815 95 *kirchturmhoch* → hoch wie ein Kirchturm
744 01 *messerglatt* → glatt wie ein Messer
885 62 *seidenmatt* → matt wie Seide
437 08 *taufrisch* → frisch wie Tau
826 67 *vatergeduldig* → geduldig wie ein Vater
930 67 *zebragestreift* → gestreift wie ein Zebra

36 Adj + *wie* + Präp + NG

143 16 *kinoglatt* → glatt wie im Kino
430 02 *lebensecht* → echt wie im Leben
373 20 *quellfrisch* → frisch wie von der Quelle

37 NG_g + Adj

929 13 *denkmalswert* → eines Denkmals wert
143 09 *wirkungsbewußt* → der Wirkung bewußt

38 NG_d + Adj

530 02 *adenauerhörig* → Adenauer hörig
386 11 *bürogerecht* → dem Büro gerecht
815 86 *doktrintreu* → der Doktrin treu
528 02 *frontnah* → der Front nah
914 47 *hautfreundlich* → der Haut freundlich
814 46 *kaninchengleich* → einem Kaninchen gleich
386 41 *mannschaftsdienlich* → der Mannschaft dienlich
26 03 *parteifeindlich* → der Partei feindlich
892 07 *saisonwidrig* → der Saison widrig
254 06 *verkehrsgemäß* → dem Verkehr gemäß
386 05 *vertragsähnlich* → einem Vertrag ähnlich
433 22 *wertentsprechend* → dem Wert entsprechend

39 NG_a + Adj

891 07 *autoproduzierend* → Autos produzierend
386 41 *ballführend* → den Ball führend
930 07 *batikstempelnd* → Batik stempelnd
929 26 *durstfördernd* → (den) Durst fördernd
923 40 *formstiftend* → Form stiftend
914 72 *haarschonend* → das Haar schonend
744 01 *hautnährend* → die Haut nährend
814 33 *jobmordend* → den (einen) Job mordend
254 09 *jugendgefährdend* → die Jugend gefährdend

925 49 *krampflösend* → den (einen) Krampf lösend
826 38 *marktbeherrschend* → den Markt beherrschend
923 22 *raumsparend* → Raum sparend
744 02 *säureregulierend* → Säure regulierend
873 23 *wasserabstoßend* → Wasser abstoßend
04 11 *zwerchfellerschütternd* → das Zerchfell erschütternd

40 Adj + $NG_{Präp}$

885 41 *gemüsearm* → arm an Gemüse
430 08 *konfliktreich* → reich an Konflikten
744 07 *hochglanzpoliert* → auf Hochglanz poliert
873 14 *alkoholbedingt* → durch Alkohol bedingt
145 18 *staubdicht* → dicht gegen Staub
873 03 *seriengefertigt* → in Serien gefertigt
143 06 *verhaltensgestört* → im Verhalten gestört
873 67 *brikett-beheizt* → mit Briketts beheizt
254 26 *handgeschliffen* → mit der Hand geschliffen
873 36 *tüllwedelnd* → mit Tüll wedelnd
254 24 *chauffeurgepflegt* → vom Chauffeur gepflegt
815 87 *parteipatentiert* → von der Partei patentiert
744 07 *wasserbeschädigt* → vom Wasser beschädigt
885 08 *stoßgeschützt* → vor Stoß geschützt
043 14 *eßfertig* → fertig zum Essen
892 08 *zielführend* → zum Ziel führend
925 16 *entwöhnungsentschlossen* → zur Entwöhnung entschlossen

47 Adj + Inf

254 14 *schwellfähig* → fähig zu schwellen
923 04 *präsentierenswert* → wert, präsentiert zu werden

48 Glied weglaßbar

261 12 *Aki-Kino* → Aki
891 10 *Angriffsaktion* → Angriff
891 02 *Fernsehwesen* → Fernsehen
923 01 *Fluchtunternehmen* → Flucht
373 08 *Liegebett* → Bett
923 10 *Regatta-Veranstaltung* → Regatta
529 03 *Renngeschehen* → Rennen
373 11 *Servicedienst* → Service
430 02 *dortselbst* → dort

53		Adj + *betreffend* + NG
826	81	*forschrittsoptimistisch* → optimistisch, den Fortschritt betreffend
527	08	*sinnrichtig* → richtig, den Sinn betreffend
906	65	*witterungsbeständig* → beständig, die Witterung betreffend

3.4 Ableitungs- und Präfigierungstypen

Eine Ableitung (A) besteht nach der Definition in 3.1 aus Stamm + Suffix, eine Präfigierung (P) aus Präfix + Stamm. Daneben gibt es Fälle wie *bebildern*, *vermöbeln*, die in traditionellen Grammatiken unter den Rubriken "Präfixbildungen"[34] oder "Verbalisierung mit Präfixen"[35] aufgeführt werden, die jedoch weder in eine Form p + A (*be* + *bildern*) noch in eine Form P + s (*bebild* + *ern*) auflösbar sind, da *bildern* und *bebild* keine selbständigen Formen darstellen. Die Wortbildung erfolgt hier durch gleichzeitige Präfigierung und Ableitung: p + w + s. Hierher gehören auch die sonst zu den Ableitungen gezählten Substantive vom Typ *Gebuhe*, *Gefüge*. Zu den Ableitungen und Präfigierungen tritt also als dritter Konstruktionstyp die gleichzeitig präfigierte und abgeleitete Form (P/A): Präfix + Stamm + Suffix[36].

Von insgesamt 1350 Belegen entfallen auf

A	:	79	Prozent
P	:	12	"
P/A	:	9	"

3.4.1 Basistypen

Die in 3.1 referierte Basisdefinition von Motsch muß hier erweitert werden; als Basis sollen nicht nur Stämme gelten, die mit Suffixen Konstruktionen eingehen, sondern auch Stämme, die mit Präfixen oder mit Prä- und Suffixen Konstruktionen eingehen. Die Basis ist demnach eine Wurzel (w), eine Ableitung (A), eine Präfigierung (P), eine gleichzeitig präfigierte und abgeleitete Form (P/A) oder ein Kompositum (K).

Abkürzungen in Basisposition werden getrennt von den Simplizia, Wortgruppen getrennt von den Komposita aufgeführt. Es wird also zwischen folgenden Basistypen unterschieden:

Wurzel (w)
Abkürzung (Abk)
Ableitung (A)
Präfigierung (P)
Präfigierung und Ableitung (P/A)
Kompositum (K)
Wortgruppe (WG)

Häufigkeit dieser Typen

bei den Ableitungen:

w	:	45	Prozent
Abk	:	1	"
A	:	17	"
P	:	6	"
P/A	:	5	"
K	:	19	"
WG	:	7	"

bei den Präfigierungen:

w	:	46	Prozent
Abk	:	--	"
A	:	41	"
P	:	1	"
P/A	:	8	"
K	:	4	"
WG	:	weniger als 1 Prozent	

bei präfigierten und abgeleiteten Konstruktionen:

w	:	86	Prozent
Abk	:	1	"
A	:	4	"
P	:	4	"
P/A	:	2,5	"
K	:	2,5	"
WG	:	--	"

Wurzeln treten am häufigsten als Basis auf. Bei den P/A-Konstruktionen sind Wurzeln in Basisposition stärker belegt, als bei den Ableitungen und Präfigierungen. Bei den Ableitungen sind abgeleitete und zusammengesetzte Basen etwa gleich stark belegt; bei den Präfigierungen dagegen überwiegen eindeutig die abgeleiteten Basen. Präfigierungen, P/A-Konstruktionen, Wortgruppen und Abkürzungen treten relativ selten in Basisposition auf.

Die Basistypen sind weiterhin sinnvoll unterteilbar nach ihrer Wortartzugehörigkeit[37].

Dabei erwies es sich als zweckmäßig, Eigennamen getrennt von Gattungsnamen und Partizipien getrennt von Adjektiven bzw. Verben zu verzeichnen. Unter Z sind nur Grundzahlen erfaßt, flektierte Zahlwörter (Ordnungszahlen) werden zu den Adjektiven gerechnet. Wortgruppen sind nach der Wortartzugehörigkeit ihres Kerns eingestuft. Einige Stämme lassen sich nicht mit Sicherheit einer bestimmten Wortart zuordnen. Es handelt sich dabei hauptsächlich um Bestandteile aus fremden Sprachen. Der Stamm *opt-* zum Beispiel tritt im Deutschen nicht selbständig auf, er kann sowohl Basis einer Substantiv- als auch Basis einer Adjektivableitung sein: *Optik, optisch.* Die Wortart dieses Stammes ist also unter keinem Gesichtspunkt eindeutig zu bestimmen. In diesem Sinne indifferente Basen werden in den Listen ohne Wortartkennzeichnung aufgeführt.

Folgende Typen sind belegt:

${}^{W}_{S}$	${}^{W}_{E}$	${}^{W}_{V}$	${}^{W}_{Adj}$	${}^{W}_{Part}$	${}^{W}_{Adv}$	${}^{W}_{Pron}$	${}^{W}_{Z}$	${}^{W}_{Interj}$	W
${}^{Abk}_{S}$	${}^{Abk}_{E}$								
${}^{A}_{S}$		${}^{A}_{V}$	${}^{A}_{Adj}$	${}^{A}_{Part}$	${}^{A}_{Adv}$				
${}^{P}_{S}$		${}^{P}_{V}$	${}^{P}_{Adj}$	${}^{P}_{Part}$					P
${}^{P/A}_{S}$		${}^{P/A}_{V}$	${}^{P/A}_{Adj}$						
${}^{K}_{S}$		${}^{K}_{V}$	${}^{K}_{Adj}$	${}^{K}_{Part}$	${}^{K}_{Adv}$		${}^{K}_{Z}$		K
${}^{WG}_{S}$		${}^{WG}_{V}$					${}^{WG}_{Z}$		

Häufigkeit dieser Basistypen

bei den Ableitungen:

	S	E	V	Adj	Part	Adv	Pron	Z	Interj	indiff
w	243[38]	44	75	30	2	4	2	2	3	75
Abk	5	2								
A	90		59	33	1	1				
P	15		42	9	2					
P/A	30		23							
K	109		64	4	1	1		1		21
WG	44		27					1		

bei den Präfigierungen:

	S	E	V	Adj	Part	Adv	Pron	Z	Interj	indiff
w	14		47	4	4	1				5
Abk										
A	19		22	22	5					
P	1				1					
P/A	9		1	3						
K	5									
WG	1									

bei präfigierten und abgeleiteten Konstruktionen:

	S	E	V	Adj	Part	Adv	Pron	Z	Interj	indiff
w	25	9	10	8						52
Abk	1									
A	3		1	1						
P	1			1						3
P/A	3									
K	3									
WG										

Bei den Ableitungen überwiegen die substantivischen, bei den Präfigierungen die verbalen und bei den P/A-Konstruktionen die indifferenten Basen. Bei den Ableitungen folgen sodann die verbalen, die indifferenten und die adjektivischen Basen. Relativ stark belegt sind hier auch Eigennamen in Basisposition. Bei den Präfigierungen folgen an zweiter Stelle die substantivischen Basen, sodann Adjektiv- und Partizipialbasen. Bei den P/A-Konstruktionen stehen ebenfalls substantivische Basen an zweiter Stelle, es folgen - etwa gleich stark belegt - Verben, Adjektive und Eigennamen in Basispositionen. Die übrigen Wortarten sind nur gering belegt.

3.4.2 Affixtypen

Die Affixe können ebenfalls nach ihren Beziehungen zu den Wortarten sinnvoll unterteilt werden.

Das ist nach zwei Gesichtspunkten möglich:

(1) Affixe haben die Eigenschaft, die Wortart der Konstruktion festzulegen, als deren präfigierender oder ableitender Bestandteil sie auftreten. So kennzeichnen *-heit, -keit, -schaft, -tum* Ableitungen als Substantive; *-bar, -lich, -sam* Ableitungen als Adjektive; *-ier[en]*[39], *-er[n], - el[n]* Ableitungen als Verben usw.

(2) Bestimmte Affixe verbinden sich nur mit Basen bestimmter Wortart. Zum Beispiel treten die Adjektivsuffixe *-en, -ern* nur an Substantivbasen: *golden, hölzern;* die Präfixe *un-, ur-* nur an Substantiv- und Adjektivbasen: *Untreue, unecht, Urwald, uralt; be-, ent-, er-, ver-*[40], *zer-* in einer reinen Präfigierung nur an verbale Basen: *besingen, entstehen, erdenken, vergießen, zerreißen;* tritt *-lein* nur an Substantivbasen: *Kindlein; miß-* an Substantiv-, Adjektiv- und verbale Basen: *Mißernte, mißvergnügt, mißhandeln* usw.

Da die Wortart der Basis - sofern sie festliegt - in den folgenden Listen immer verzeichnet ist, konnte auf eine Kennzeichnung der Affixe nach dem zweiten Gesichtspunkt in dieser Untersuchung verzichtet werden.

Eine Kennzeichnung nach dem ersten Gesichtspunkt erwies sich nur bei den Suffixen als sinnvoll. In reinen Präfigierungen stimmt die Wortart der Basis immer mit der Wortart der präfigierten Konstruktion überein; *fliegen - befliegen, hören - erhören, reißen - zerreißen, vergnügt - mißvergnügt, spitz - superspitz, treu - untreu, Erfolg - Mißerfolg, Minister - Exminister.*

Bei den gleichzeitig präfigierten und abgeleiteten Formen nimmt das neue Wort die Wortart an, auf die Prä- und Suffix übereinstimmend festgelegt sind: *erneuern* (*er-* = Verbalpräfix, *-er[n]* = Verbalsuffix); *Gebuhe* (*ge-* = (unter anderm) Substantivpräfix, *-e* = Substantivsuffix). Unter diesen Umständen konnte auch hier auf eine Wortartmarkierung der Präfixe verzichtet werden.

Bei den Suffixen hingegen wurde der Einheitlichkeit halber die Wortart auch dann vermerkt, wenn sie mit der der Basis übereinstimmte: *Hund - Hundling*, *Meteor - Meteorit*, *Herr - Herrentum* usw.

Gleichlautende Suffixe, die auf verschiedene Wortarten festgelegt sind, werden als Homonyme aufgefaßt: *-ar* in *Archivar* und *-ar* in *atomar*, *-ern* in *hölzern* und *-er[n]* in *altern* usw.

Folgende Suffixtypen konnten nach dem ersten Gesichtspunkt im vorliegenden Material festgestellt werden:

s_S s_V s_{Adj} s_{Adv}

Häufigkeit der Suffixtypen

bei den Ableitungen:

s_S	:	556[41]
s_V	:	113
s_{Adj}	:	374
s_{Adv}	:	22

bei den präfigierten und abgeleiteten Konstruktionen:

s_S	:	45
s_V	:	46
s_{Adj}	:	30

Bei den Ableitungen überwiegen eindeutig die Substantivsuffixe, es folgen die Adjektiv-, Verbal- und Adverbialsuffixe. Bei den präfigierten und abgeleiteten Konstruktionen dagegen halten sich Substantiv- und Verbalsuffixe ungefähr die Waage. Es folgen die Adjektivsuffixe.

3.4.3 Ableitungs- und Präfigierungstypen

Aus der Verbindung der einzelnen Basistypen mit den Affixtypen ergeben sich die Ableitungs- und Präfigierungstypen.

Ableitungen:

	s_S	s_V	s_{Adj}	s_{Adv}
$^{w}_{S}$	48	71	118	6
$^{w}_{E}$	32	1	11	
$^{w}_{V}$	66	1	8	
$^{w}_{Adj}$	14	12	4	
$^{w}_{Part}$	2			
$^{w}_{Adv}$			2	2
$^{w}_{Pron}$			1	1
$^{w}_{Z}$	2			
$^{w}_{Interj}$		3		
w	42	9	24	
Abk_S	4		1	
Abk_E	2			
$^{A}_{S}$	27	3	57	3
$^{A}_{V}$	57		2	
$^{A}_{Adj}$	27	2		4
$^{A}_{Part}$	1			
$^{A}_{Adv}$			1	
$^{P}_{S}$	8	3	4	
$^{P}_{V}$	40		2	
$^{P}_{Adj}$	8	1		
$^{P}_{Part}$	1			1
$^{P/A}_{S}$	7	2	21	

	s_S	s_V	s_{Adj}	s_{Adv}
P/A_V	22		1	
K_S	43	5	57	4
K_V	55		9	
K_{Adj}	3			1
K_{Part}	1			
K_{Adv}			1	
K_Z	1			
K	8		13	
WG_S	10		34	
WG_V	24		3	
WG_Z	1			

Präfigierungen:

	w_S	w_V	w_{Adj}	w_{Part}	w_{Adv}	w	A_S	A_V	A_{Adj}	A_{Part}
p	14	47	5	4	1	5	19	22	22	5

	P_S	P_{Part}	P/A_S	P/A_V	P/A_{Adj}	K_S	WG_S
p	1	1	9	1	3	5	1

Präfigierte und abgeleitete Konstruktionen:

$p + w_S + s_S$: 1

$p + w_S + s_V$: 19

$p + w_S + s_{Adj}$: 5

$p + w_E + s_S$: 1

$p + w_E + s_{Adj}$: 8

$p + w_V + s_S$	:	10
$p + w_{Adj} + s_V$	:	8
$p + w + s_S$	:	32
$p + w + s_V$	:	10
$p + w + s_{Adj}$	:	10
$p + Abk_S + s_{Adj}$	:	1
$p + A_S + s_V$	:	3
$p + A_V + s_S$	:	1
$p + A_{Adj} + s_V$	:	1
$p + P_S + s_V$	:	1
$p + P_{Adj} + s_V$	:	1
$p + P + s_{Adj}$	:	3
$p + P/A_S + s_{Adj}$	:	3
$p + K_S + s_V$	:	3

Bei den Ableitungen ist die Kombination $w_S + s_{Adj}$ am häufigsten vertreten; es folgen $w_S + s_V$ und $w_V + s_S$, ferner $A_S + s_{Adj}$ und $A_V + s_S$ sowie $K_S + s_{Adj}$ und $K_V + s_S$.

Es handelt sich bei diesen häufiger belegten Formen durchweg um Substantiv- und Verbalstämme, die sich vorwiegend mit Adjektiv- und Substantivsuffixen verbinden. Bei den Präfigierungen steht die Kombination $p + w_V$ an der Spitze, es folgen $p + A_V$, $p + A_{Adj}$ und $p + A_S$. Bei den präfigierten und abgeleiteten Konstruktionen steht die Kombination $p + w + s_S$ an der Spitze, es folgen $p + w_S + s_V$, $p + w_V + s_S$, $p + w + s_V$ und $p + w + s_{Adj}$.

Eine weitere Stufe in der Klassifizierung des Materials wird erreicht, wenn man s_S, s_V, s_{Adj}, s_{Adv} und p durch die einzelnen Prä- und Suffixe ersetzt. Die auf diese Weise ermittelten Typen sind in den folgenden Listen mit Beispielen, verschlüsselter Stellenangabe und Belegzahlen aufgeführt.

Als Materialgrundlage dienen ebenso wie bei den

Komposita alle aufgenommenen Belege, also auch alte Wörter in veränderter Bedeutung oder Verwendung. Stamm und Affixe werden nur dann getrennt, wenn der Stamm auch selbständig vorkommt oder wenn die vorhandenen Affixe gegen andere Affixe oder gegen Kompositionsglieder in gleicher Position austauschbar sind: *gesund, bereit, drollig* werden wie Simplizia behandelt.
Fremd- und Lehnwörter, die gleichzeitig Prä- und Suffixe aufweisen, sind für den deutschen Sprecher nicht so leicht analysierbar, wie die entsprechenden deutschen Formen. In einem Wort wie *analysieren* sind im Deutschen beide Affixe austauschbar (*katalysieren, Analyse*). Die Wurzel kommt nicht selbständig vor. Außerdem gibt es weder ein Wort *analys*, noch ein Wort *lysieren*. Der deutsche Sprecher kann also nicht beurteilen, ob das Prä- oder das Suffix enger mit der Wurzel verbunden ist. In solchen Fällen werden hier P/A-Formen angesetzt, was nicht bedeutet, daß es sich etymologisch um P/A-Formen handelt. Sind die Affixe nicht austauschbar oder weglaßbar, gilt die Konstruktion als Simplex (vgl. 3.1).

In Anlehnung an Schnelle und Kranzhoff[43] wurde für suffixlose Ableitungen wie *grünen, bemannen* (*-en* = Flexionsendung) ein verbales und für suffixlose Ableitungen wie *Schub, Druck, Geschupp* ein substantivisches Nullsuffix ($\emptyset_V$, $\emptyset_S$) angesetzt.
Gleichlautende Affixe mit gleicher Wortartzuordnung werden getrennt aufgeführt und gekennzeichnet, wenn starke Unterschiede in der Verwendung zu verzeichnen sind. So werden *-e* in *Liege*, *-e* in *Suhrkämpe* und *-e* in *Gebuhe* durch Genusangabe voneinander unterschieden, *-er* in *Laster* und *-er* in *Mariner* (Bezeichnung einer Raumsonde) durch Herkunftsangabe bei dem seltener auftretenden englischen Suffix usw.

In zahlreichen Fällen mußten kombinierte Affixe oder Affixvarianten angesetzt werden. Bei dem Wort *Modellhaftigkeit* mußte von einer Basis *modellhaft* ausgegangen werden, da es ein Wort *modellhaftig* nicht gibt, bei *Kettlerin* von einer Basis *ketteln*, da es einen männlichen Beruf *Kettler* nicht gibt, bei *spielerisch* von einer Basis *Spiel*, da eine Ableitung von *Spieler* nach der Transformation des Wortes (*wie im Spiel*) nicht in Frage kommt. Die entsprechenden (kombinierten) Suffixe lauten: *-igkeit, -erin, -erisch*. Sie werden unter der nicht-kombinierten Form aufgeführt, wenn diese belegt ist, z.B. *-anisch*,

-erisch, *-esisch* unter *-isch* .

Adjektivisch verwandte Partizipien wurden in 3.2 als Adjektive, substantivierte Adjektive als Substantive behandelt. Bei der Strukturanalyse muß jedoch die zu Grunde liegende Wortart berücksichtigt werden, deshalb erscheint in den folgenden Listen z.B. *monologisierend* unter $K_S + s_V$, *Metallindustrieller* unter $K_S + s_{Adj}$.

Die mit dem Verbalsuffix gekoppelte Flexionsendung wird in der Infinitivform -[*ən*], -[*n*] wiedergegeben, wenn das Partizip auf einen Infinitiv zurückgeführt werden kann: *monologisierend* = K_S + *isier*[*ən*]. Ist dies nicht der Fall, so wird die Partizipialendung angegeben: *kugelgelagert* = K_S + Ø[*t*]. Partizipiales *ge-* bleibt bei den Präfigierungstypen unberücksichtigt.

Zusammengesetzte Eigennamen werden wie Simplizia behandelt: *Sachsenwerker* = w_E + *er*.

Gelegentlich auftretende Fugen können bei der Klassifizierung nicht berücksichtigt werden.

Ableitungen:

$w_S + s_S$

			Anzahl der Belege
-aire	386 06	*Diamentaire*	1
-al, *-ical* (engl.)	254 23	*Musical* 254 23 *Palastical*	4
-are	923 24	*Familiare*	1
-at	016 04	*Diakonat*	1
-chen	430 08	*Filmchen*	9
-er	930 65	*Laster*	3
-erie	999 36	*Hotellerie*	1
-ianer	930 66	*Horexianer*	2
-iano	923 22	*Klaviano*	1
-iër	430 03	*Brigadier*	1
-ik (f.)	016 02	*Dramatik*	1
-in	145 08	*Gesponsin*	1
-ina	145 19	*Leicina* (Basis vermutlich *Leica*)	1
-ismus	992 51	*Alkoholismus*	6
-ist	143 09	*Hobbyist*	6
-ität	929 04	*Vulkanität*	1
-ler	930 66	*Autler*	1
-let	873 25	*Starlet*	1

-ling	906 05 *Hundling*	2
-ner	527 05 *Söldner*	1
-schaft	254 15 *Organschaft*	1
-tum	386 04 *Pioniertum*	2

$w_S + s_V$

-Ø[en], -Ø[n]	254 28 *twisten,* 923 42 *doubeln*	41
-ier[en], -isier[en]	815 09 *filmieren,* 814 44 *atomisieren*	30

$w_S + s_{Adj}$

-al	373 45 *saisonal*	7
-ar	016 01 *atomar*	3
-är	815 31 *elitär*	3
-artig	254 14 *gitterartig*	5
-ell, -uell	016 28 *seriell,* 28 18 *punktuell*	2
-en	906 70 *zementen*	1
-förmig	143 16 *trapezförmig*	2
-haft	26 09 *inselhaft*	8
-ig	261 11 *geldig*	18
-isch, -(ar)isch, -erisch	373 34 *panoramisch,* 016 15 *tabellarisch,* 143 15 *spielerisch*	16
-iv	929 05 *plakativ*	5
-lich	04 04 *östlich*	21
-los	923 24 *schlauchlos*	13
-mäßig	891 10 *klassenmäßig*	9
-ös, -iös	930 29 *kurvös,* 826 65 *elephantiös*	5

$w_S + s_{Adv}$

-wärts	815 88 *gräberwärts*	1
-weise	143 14 *serienweise*	5

$w_E + s_S$

-ade, -iade	923 40 *Robinsonade,* 254 23 *Offenbachiade*	2
-ale	430 08 *Berlinale*	2
-aner, -ianer	527 07 *Victorianer,* 930 66 *Messerschmittianer*	4

-chen	873	63	*Sternchen* (Basis: Zeitschrift *Stern*)	1
-e (m.)	04	09	*Suhrkämpe* (Basis: *Suhrkamp*)	1
-er	529	02	*Sachsenwerker*	9
-ette	254	21	*Adlerette* (kleine *Adler*-Nähmaschine)	1
-ik (f.)	814	46	*Galvanik* (Basis: *Galvani*)	1
-ik (russ.)	932	29	*Lunik*	1
-ismus	016	04	*Stalinismus*	1
-ist	26	03	*Stalinist*	5
-iter	04	04	*Moskowiter*	1
-ler	891	10	*Rapidler* (Basis: Fußballmannschaft *Rapid Wien*)	2
-nik (russ.)	931	30	*Venusnik* (Bezeichnung aus der Weltraumtechnik; Basis: *Venus*)	1

$w_E + s_V$

-Ø[*n*]	906	60	*dieseln*	1

$w_E + s_{Adj}$

-al	749	02	*sowjetzonal*	1
-isch, -anisch, -esisch, -inisch	04	10	*celanisch (Paul Celan),*	
	04	01	*bundesrepublikanisch,*	
	016	02	*kongolesisch,*	
	016	01	*sibyllinisch*	10

$w_V + s_S$

-$Ø_S$	873	59	*Schub*	9
-e (f.)	778	09	*Spüle*	5
-ei	386	41	*Dribbelei*	2
-el	254	02	*Schnorchel*	1
-er	143	15	*Flitzer*	28
-erin	254	20	*Schülerin*	6
-nis	143	09	*Begehrnis*	1
-st	929	03	*Dienst*	3
-ung	923	05	*Findung*	11

$w_V + s_V$

-er[*n*]	906	65	*webern*	1

${}^{w}\mathrm{V} + {}^{s}\mathrm{Adj}$

-bar	892 10 *schwimmbar*	5
-ig	906 71 *findig*	3

${}^{w}\mathrm{Adj} + {}^{s}\mathrm{S}$

-de	906 69 *Dickde*	1
-heit	929 04 *Steilheit*	2
-igkeit	254 05 *Steifigkeit*	2
-ismus	016 04 *Extremismus*	1
-ität	373 29 *Seriosität*	3
-ling	254 09 *Schönling*	2
-schaft	254 12 *Bereitschaft*	2
-ung	527 05 *Gesundung*	1

${}^{w}\mathrm{Adj} + {}^{s}\mathrm{V}$

-Ø[en], *-Ø[n]*	744 01 *bräunen*, 016 04 *sichern*	2
-ier[en], *-isier[en]*	815 25 *integriert*, 529 04 *egalisieren*	10

${}^{w}\mathrm{Adj} + {}^{s}\mathrm{Adj}$

-ig	430 07 *edelig*	1
-itär	815 30 *totalitär*	2
-sam	891 04 *gemeinsam*	1

${}^{w}\mathrm{Part} + {}^{s}\mathrm{S}$

-heit	923 22 *Gelegenheit*	2

${}^{w}\mathrm{Adv} + {}^{s}\mathrm{Adj}$

-ig	04 04 *wohlig*	1
-lich	261 73 *remislich* (Basis: *remis*)	1

${}^{w}\mathrm{Adv} + {}^{s}\mathrm{Adv}$

-seits	929 16 *außenseits*	2

$^{w}_{Pron} + {^{s}_{Adj}}$

-fach	143 14	*mehrfach*	1

$^{w}_{Pron} + {^{s}_{Adv}}$

-wärts	26 08	*mancherwärts*	1

$^{w}_{Z} + {^{s}_{S}}$

-heit	261 35	*Einheit*	2

$^{w}_{Interj} + {^{s}_{V}}$

-Ø [en]	26 13	*buhen*	3

$w + {^{s}_{S}}$

-andum	373 02	*Traktandum*	1
-anz	26 08	*Militanz*	1
-ateur	923 40	*Operateur*	1
-ation	914 72	*Coloration*	4
-elei	26 37	*Logelei*	1
-er (engl.)	931 29	*Mariner*	2
-ern (engl.)	143 02	*Western*	2
-euse	814 39	*Kontrolleuse*	1
-ia	930 66	*Sozia*	2
-ic	914 81	*Elastic*	1
-ie	929 04	*Energie*	2
-ing (engl.)	929 29	*Camping*	1
-ik (f.)	815 18	*Optik*	8
-ismus	891 01	*Mechanismus*	2
-ist	930 67	*Pedist* (für *Fußgänger*)	1
-ität	386 04	*Plastizität*	1
-ment	914 74	*Temperament*	1
-ment (engl.)	814 44	*Management*	1
-nik	992 33	*Beatnik*	3
-or, -ator	931 30	*Sensor,* 925 48 *Stimulator*	6

$w + {^{s}_{V}}$

-ier[en], -isier[en], -izier[en]	892 06	*zentrieren,* 373 25 *techni-siert,* 016 04 *praktizieren*	8

-fizier[en][44]	530 04 *qualifizieren*	1

$w + s_{Adj}$

-al	923 13 *global*	5
-ant	892 09 *kulant*	1
-ativ, -itiv	386 23 *initiativ*, 373 03 *speditiv*	6
-bar	016 07 *kostbar* (Basis wird nicht mehr als Substantiv identifiziert)	2
-gēn (griech.)	873 23 *fotogen*	1
-isch	914 79 *optisch*	9

$Abk_S + s_S$

-ismus	430 16 *Nazismus*	2
-ler	930 66 *Mopedler*	1
-nik	813 44 *Diamatnik*	1

$Abk_S + s_{Adj}$

-n	906 69 *radarn*	1

$Abk_E + s_S$

-er	749 11 *HSVer*	1
-ler	26 34 *FDJler*	1

A_S[45] $+ s_S$

-ation	925 18 *Dokumentation*	1
-bold	826 25 *Lügenbold*	1
-er	814 30 *Elektroniker*	3
-igkeit	906 68 *Eigenschaftigkeit*	1
-ik (f.)	016 06 *Touristik*	3
-in	386 41 *LCZ-lerin*	7
-ismus	143 02 *Isolationismus*	3
-itis	930 66 *Rolleritis*	1
-ler	749 02 *Wirtschaftler*	1
-ling	254 09 *Überflüßling*	2
-nis	26 08 *Bündnis*	1
-tum	528 04 *Neuerertum*	3

$A_S + s_V$

-Ø[*en*],-Ø[*n*]	016 25 *wirtschaftend*, 930 66 *sportlern*	3

$A_S + s_{Adj}$

-haft	373 29 *schmierenhaft*	1
-isch	373 14 *fliegerisch*	42
-lich	016 01 *freiheitlich*	5
-los	892 05 *schwerelos*	5
-mäßig	373 25 *bevölkerungsmäßig*	4

$A_S + s_{Adv}$

-weise	815 90 *häppchenweise*	3

$A_V + s_S$

-ation	386 13 *Elektrifikation*	3
-ator	530 06 *Rationalisator*	1
-er	814 44 *Programmierer*	12
-in, -erin	605 12 *Fütterin*, 605 12 *Kettlerin*	2
-ismus	906 47 *Praktizismus*	1
-ling	778 01 *Flüchtling*	1
-ung	930 66 *Dieselisierung*	37

$A_V + s_{Adj}$

-bar	254 05 *sterilisierbar*	2

$A_{Adj} + s_S$

-ik (f.)	892 06 *Theatralik*	1
-ismus	254 07 *Kolonialismus*	7
-ist	529 02 *Kolonialist*	2
-ista (span.)	892 03 *Legalista*	1
-ität	906 64 *Verbalität*	5
-keit,-igkeit	906 70 *Aussagbarkeit*, 923 40 *Modellhaftigkeit*	11

$A_{Adj} + s_V$

-isier[*en*]	815 09 *rationalisieren*	2

$A_{Adj} + s_{Adv}$

-seits	26	25	*schweizerischerseits*	1
-weise	26	10	*traditionellerweise*	3

$A_{Part} + s_S$

-heit	386	04	*Nuanciertheit*	1

$A_{Adv} + s_{Adj}$

-ig	826	25	*ostwärtig*	1

$P_S + s_S$

-chen	873	14	*Promillchen*	1
-er	930	67	*Unfaller*	4
-ist	373	29	*Dialogist*	2
-schik	26	03	*Apparatschik*	1

$P_S + s_V$

-ier[en]	26	31	*programmieren*	3

$P_S + s_{Adj}$

-är	261	17	*defizitär*	1
-atisch	143	04	*programmatisch*	1
-iv	043	11	*apparativ*	1
-lich	929	30	*urzuständlich*	1

$P_V + s_S$

$-\emptyset_S$	929	04	*Verleih*	3
-er	261	13	*Entwerfer*	10
-erin	605	12	*Verstürzerin*	1
-nis	744	01	*Verständnis*	1
-ung	254	05	*Verpuffung*	25

$P_V + s_{Adj}$

-bar	430	18	*erhoffbar*	2

$P_{Adj} + s_S$

-heit	04 25	*Unbeschmiertheit*	4
-ismus	04 02	*Immobilismus*	1
-ität	016 28	*Atonalität*	1
-keit	923 36	*Uneinsichtigkeit*	2

$P_{Adj} + s_V$

-ier[en]	873 28	*konkretisieren*	1

$P_{Part} + s_S$

-schaft	527 07	*Errungenschaft*	1

$P_{Part} + s_{Adv}$

-weise	892 01	*begründeterweise*	1

$P/A_S + s_S$

-ant	891 04	*Projektant*	1
-arium	26 10	*Instrumentarium*	1
-il	815 95	*Projektil*	1
-in	826 18	*Präsidentin*	1
-ismus	815 85	*Abstraktionismus*	2
-ist	530 01	*Annexionist*	1

$P/A_S + s_V$

-ier[en]	923 21	*dimensioniert*	2

$P/A_S + s_{Adj}$

-al	016 02	*instrumental*	2
-är	143 04	*reaktionär*	1
-ell,-iell,-uell	016 01	*konventionell,*	
	891 03	*präsidentiell,*	
	26 13	*Intellektueller*	8
-haft	430 18	*reportagehaft*	1
-isch	923 21	*sekretärisch*	3
-lich	016 06	*gewerblich*	1
-los	437 05	*gerüstlos*	2

-*mäßig*	386 37	*gewichtsmäßig*	3

$P/A_V + s_S$

-*er*	749.09	*Konservierer*	7
-*ung*	373 03	*Akzeptierung*	15

$P/A_V + s_{Adj}$

-*bar*	386 20	*kombinierbar*	1

$K_S + s_S$

-*ant*	373 04	*Manifestant*	1
-*ei*, -*erei*	261 01	*Streithanselei*,	
	906 68	*Fremdwörterei*	3
-*er*	528 01	*Leitartikler*	15
-*ette*	145 13	*Kosmonette*[46]	1
-*i*	749 06	*Wauwi*[47]	1
-*ik* (f.)	254 10	*Kosmonautik*	2
-*in*, -*erin*	826 68	*Düsenpilotin*,	
	906 46	*Kinderhortnerin*	7
-*ler*	26 34	*Westkontaktler*	8
-*ner*	873 65	*Lichtbildner*	1
-*schaft*	043 02	*Sozialpartnerschaft*	3
-*tum*	906 48	*Nurgewerkschaftlertum*	1

$K_S + s_V$

-Ø[*t*]	261 27	*kugelgelagert* (Basis: *Kugellager)*	1
-*er*[*n*]	885 47	*sprichwörtern*	1
-*isier*[*en*]	826 64	*monologisierend*	3

$K_S + s_{Adj}$

-*är*	069 02	*televisionär*	1
-*artig*	26 37	*flugzeugkanzelartig*	3
-*haft*	043 20	*sturmvogelhaft*	5
-*iell*	529 02	*Metallindustrieller*	2
-*ig*	430 18	*holzköpfig*	12
-*isch*, -*tisch*	254 15	*mittelständisch*	
	929 29	*heilklimatisch*	9
-*lich*	26 13	*mischehelich*	24
-*mäßig*	26 22	*rübölmäßig*	1

$K_S + s_{Adv}$

-weise	254 03	*lastwagenweise*	4

$K_V + s_S$

$-\emptyset_S$	749 12	*Anstieg*	5
-e (f.)	929 09	*Ablöse*	4
-er	254 01	*Maßhalter*	22
-erei	26 11	*Abschreiberei*	1
-ler	813 48	*Abweichler*	1
-ling	814 46	*Abkömmling*	1
-ion, -ation	991 00	*Automation*, 891 03 *Umorganisation*	4
-t	100 00	*Zusammenkunft*	1
-ung	929 03	*Durchkämmung*	16

$K_V + s_{Adj}$

-bar	925 21	*anrechenbar*	9

$K_{Adj} + s_S$

-heit	016 16	*Steuerfreiheit*	3

$K_{Adj} + s_{Adv}$

-weise	925 48	*zweckdienlicherweise*	1

$K_{Part} + s_S$

-heit	26 10	*Ausgesetztheit*	1

$K_{Adv} + s_{Adj}$

-ig	826 07	*seinerzeitig*	1

$K_Z + s_S$

-er	815 33	*1958er*	1

$K + s_S$

-e (m.)	930 66	*Tachographologe*	4
-ismus	906 48	*Kosmopolitismus*	2
-ist	605 10	*Chiropodist*	2

$K + s_{Adj}$

-isch	929 32	*demoskopisch*	13

$WG_S + s_S$

-er	254 17	*16-Tonner*	7
-igkeit	386 03	*Zwölftonigkeit*	1
-ler	923 10	*Langstreckler*	2

$WG_S + s_{Adj}$

-ig	373 08	*5plätzig*	28
-isch	929 10	*untermeerisch*	3
-lich	923 27	*allbezirklich*	3

$WG_V + s_S$

-e (f.)	605 05	*Inzahlungnahme*	5
-er	930 29	*Gummiquäler*	11
-erei	016 01	*Preistreiberei*	4
-erin	749 05	*Raumpflegerin*	1
-ung	26 18	*Zurverfügungstellung*	3

$WG_V + s_{Adj}$

-ig	906 65	*windschlüpfig*	3

$WG_Z + s_S$

-er	143 14	*5,5er*	1

Präfigierungen:

$p + w_S$

anti-	914 57	*Anti-Spion*	1
bi-	826 26	*Bizone*	1
ex-	826 54	*Ex-Ehe*	1
pro-	873 12	*Promille*	3
super-	885 53	*Superbombe*	7
un-	26 15	*Unbehagen*	1

$p + w_V$

be-	826 34	*befliegen*	20
ent-	605 06	*entführen*	3
er-	906 63	*erschmelzen*	6
ver-	143 16	*verspannen*	17
zer-	00 28	*zersiedeln*	1

$p + w_{Adj}$

super-	254 23	*superspitz*	2
ultra-	814 37	*ultradünn*	1
un-	043 20	*uneitel*	1

$p + w_{Part}$

un-	016 16	*ungefreut*	4

$p + w_{Adv}$

ver-	26 11	*Verqueres*	1

$p + w$

kon-	530 04	*konkret*	3
peri-	04 04	*peripher*	1
syn-	814 45	*synchron*	1

$p + A_S$

ante-	873 31	*Ante-Primitivismus*	1

anti-	814	33	*Anti-Stimmung*	5
erz-	923	04	*Erzverführerin*	1
ex-	929	09	*Ex-Sträfling*	5
infra-	26	18	*Infrastruktur*	1
pan-	815	91	*Pansexualismus*	1
post-	873	31	*Post-Abstraktionismus*	1
super-	254	28	*Supersportler*	2
ur-	923	39	*Ur-Berliner*	2

$p + A_V$

be-	778	11	*bejammern*	5
de-	923	01	*dezentralisiert*	1
ent-	906	63	*entlüften*	4
ver-	885	02	*vertwisten*	12

$p + A_{Adj}$

ex-	826	66	*ex-österreichisch*	1
extra-	261	67	*extraterrestrisch*	1
inter-	016	25	*interamerikanisch*	4
ko-	261	70	*Koindustrieller* (Basis: das substantivierte Adjektiv)	1
para-	386	37	*paramilitärisch*	2
pro-	605	02	*pro-kommunistisch*	1
super-	528	04	*supermodern*	1
un-	016	03	*unzumutbar*	11

$p + A_{Part}$

un-	826	15	*unbalanciert*	5

$p + P_S$

epi-	923	22	*Epidiaskop*	1

$p + P_{Part}$

un-	254	06	*unbeleuchtet*	1

$p + P/A_S$

de-	373 04	*Desegregation*	1
ko-, co-	254 04	*Koexistenz*, 923 42 *Coproduktion*	3
re-	814 44	*Rekonzentration*	1
sub-	26 25	*Subkontinent*	2
super-	814 46	*Superkonzentration*	1
un-	923 04	*Ungeschmack*	1

$p + P/A_V$

ex-	04 04	*exkommunizieren*	1

$p + P/A_{Adj}$

in-	437 07	*indifferent*	1
ultra-	26 07	*Ultrakonservativer*	1
un-	26 08	*unkooperativ*	1

$p + K_S$

ex-	749 11	*Exweltmeister*	3
super-	873 66	*Super-Herdputz*	2

$p + WG_S$

prä-	873 31	*Prä-Im-Expressionismus* (vor dem Im- und Expressionismus)	1

Präfigierte und abgeleitete Formen:

$p + w_S + s_S$

anti + w_S + *iker*	813 44	*Antidogmatiker*[48]	1

$p + w_S + s_V$

be + w_S + ø [*en*], ø [*n*]	906 63 906 63	*bekielen*, *bemörteln*	10

be + w_S + *er*[*n*]	143 16	*bebildern*	1
ent + w_S + Ø[*en*], Ø[*n*]	906 63	*enteisen*, 892 06 *entrümpeln*	5
ver + w_S + Ø[*en*]	930 29	*vergurken*	3

p + w_S + s_{Adj}

anti + w_S + *iell*	873 40	*antibakteriell*	1
anti + w_S + *isch*	812 11	*antimykotisch*	1
ge + w_S + *ig*	814 48	*gefräßig*	1
pro + w_S + *lich*	605 02	*pro-westlich*	1
supra + w_S + *al*	043 03	*supranational*	1

p + w_E + s_S

anti + w_E + *ismus*	826 23	*Anti-Amerikanismus*	1

p + w_E + s_{Adj}

anti + w_E + *isch*, *nisch*, *istisch*	430 04 *antikurdisch*, 528 07 *antikubanisch*, 906 56	*antisalazaristisch*	5
post + w_E + *nisch*	26 08	*postkubanisch*	1
pro + w_E + *istisch*	892 03	*pro-peronistisch*	1
trans + w_E + *isch*	26 01	*transatlantisch*	1

p + w_V + s_S

ge + w_V + $Ø_S$	929 04	*Geschupp* (verm. von *schuppen* = *stoßen*)	7
ge + w_V + *e* (n.)	016 03	*Gefüge*	3

p + w_{Adj} + s_V

be + w_{Adj} + Ø[*en*]	605 05	*beschleunigen*	4
er + w_{Adj} + Ø[*en*]	906 08	*erfrischen*	2
ver + w_{Adj} + Ø[*n*]	254 01	*verteuern*	1
er + w_{Adj} + *er*[*n*]	906 08	*erneuern*	1

$p + w + s_S$

an + w + *euse*	254 20	*Annonceuse*	1
ana + w + *ator*	814 44	*Analysator*	1
as + w + *ent*	923 40	*Assistent*	1
de + w + *ant*	914 31	*Deodorant*	1
de + w + *ation*	254 03	*Demonstration*	1
di + w + *ant*	906 47	*Diversant*	1
di + w + *ikum*	906 68	*Dielektrikum*	1
e + w + *or*	892 03	*Elektor*	1
en + w + *ment*	386 01	*Engagement*	1
in + w + *ant*	143 09	*Infiltrant*	1
in + w + *ation*	016 01	*Information*	2
in + w + *or, ator*	386 28	*Instruktor*, 873 60 *Indicator*	2
ko + w + *ator*	814 44	*Koordinator*	1
kol + w + *iv*	430 18	*Kollektiv*	1
kom + w + *at*	906 47	*Kombinat*	1
kom + w + *ation*, *ition*	815 09 04 04	*Kommunikation*, *Komposition*	4
kom + w + *iteur*	914 72	*Kompositeur*	1
pro + w + *ion, ation*	373 29	*Produktion*, 815 17 *Provokation*	4
re + w + *anz*	906 70	*Redundanz*	2
re + w + *ion*	26 01	*Reaktion*	1
syn + w + *ik, ic*	914 06	*Synthetik*, 254 06 *Synthetic*	2
trans + w + *er*	386 13	*Transformer*	1

$p + w + s_V$

ex + w + *ier[en]*	143 15	*exponiert*	1
il + w + *ier[en]*	923 42	*illuminieren*	1
im + w + *ier[en]*	923 04	*importieren*	1
in + w + *ier[en]*	815 33	*infiltriert*	1
ko + w + *ier[en]*	26 18	*koordinieren*	1
kon + w + *ier[en]*	143 03	*konstruiert*	1
per + w + *ier[en]*	261 70	*pervertieren*	1
re + w + *ier[en]*	373 11	*regenerieren*	2
se + w + *ier[en]*	892 09	*separieren*	1

$p + w + s_{Adj}$

ad + w + *ativ*	430 02	*administrativ*	1
at + w + *iv*	04 04	*attraktiv*	2

de + w + *iv*	920 16	*defensiv*	1
ex + w + *iv*	815 90	*exklusiv*	1
in + w + *ativ*	26 34	*informativ*	1
kon + w + *abel*	906 63	*konjugabel*	1
kon + w + *iv*	26 17	*konstruktiv*	2
sym + w + *isch*	143 09	*sympathisch*	1

$p + Abk_S + s_{Adj}$

anti + Abk_S + *istisch*	873 62	*antinazistisch*	1

$p + A_S + s_V$

er + A_S + Ø[*n*]	778 12	*ermitteln*	1
ver + A_S + Ø[*en*]	892 07	*vergesellschaften*	1
zer + A_S + Ø[*n*]	749 02	*zertöppern*	1

$p + A_V + s_S$

ge + A_V + *e* (n.)	26 13	*Gebuhe*	1

$p + A_{Adj} + s_V$

be + A_{Adj} + Ø[*en*]	143 04	*bewältigen*	1

$p + P_S + s_V$

ver + P_S + Ø[*en*]	386 15	*verunfallen*	1

$p + P_{Adj} + s_V$

ver + P_{Adj} + Ø[*en*]	873 06	*veruneinigt*	1

$p + P + s_{Adj}$

in + P + *ent*	373 03	*intransigent*	1
re + P + *ativ*	016 17	*repräsentativ*	2

$p + P/A_S + s_{Adj}$

anti + P/A_S + *är*	261 17	*antiinflationär*	2
post + P/A_S + *är*	26 02	*post-revolutionär*	1

$p + K_S + s_V$

be + K_S + Ø[*en*] 873 05 *bevorraten* 2
ver + K_S + Ø[*en*] 906 64 *verhauptworten* 1

Von insgesamt 388 Ableitungs- und Präfigierungstypen entfallen auf die Ableitungen 67 Prozent, auf Präfigierungen 14 Prozent und auf die präfigierten und abgeleiteten Konstruktionen 19 Prozent.

Im einzelnen treten folgende Ableitungs- und Präfigierungstypen hervor:

Am stärksten belegt sind Verbindungen von Substantivableitungen mit dem Adjektivsuffix *-isch* (A_S + *isch*) und Verbindungen von Substantivsimplizia mit dem verbalen Nullsuffix (w_S + Ø[*en*], Ø[*n*]). Es folgen Kombinationen von Verbalableitungen mit dem Suffix *-ung* (A_V +*ung*), von Substantivsimplizia mit *-ier*[*en*], *-isier*[*en*] (w_S + *ier*[*en*], *isier*[*en*]) und *-er* (w_V +*er*) und Kombinationen von substantivischen Wortgruppen mit dem Adjektivsuffix *-ig* (WG_S +*ig*). Bei den Präfigierungen sind die Verbindungen *be*+ w_V und *ver* + w_V am stärksten belegt, bei den abgeleiteten und präfigierten Formen steht die Kombination *be* + w_S + Ø[*en*], Ø[*n*] im Vordergrund.

Um die verschiedenen Basistypen sichtbar zu machen, mußte sich die bisherige Einteilung auf die letzte Ableitungsstufe beschränken. Ein Wort wie *freiheitlich* erschien als A_S + *lich*, d.h. nur der letzte abtrennbare Bestandteil wurde abgetrennt, der Rest des Wortes erschien unter der summarischen Bezeichnung A_S. Mit welchem Suffix diese Ableitung gebildet ist und welche Basis ihr zugrunde liegt, geht daraus nicht hervor. Nicht jedes Affix kann an jeden beliebigen Stamm treten. Um Verbindungsmöglichkeiten vor allem der Affixe darzustellen, muß die Struktur derjenigen Basen, die selbst schon Ableitungen,

Präfigierungen oder abgeleitete und präfigierte Konstruktionen sind, gezeigt werden. Das Wort *Ex-Lyriker* z.B. ist zunächst eine Präfigierung: *ex* + *Lyriker*. Die Basis *-lyriker* ist eine Ableitung: *lyrik* + *er*. *Lyrik* kann als Ableitung von der indifferenten Wurzel *lyr* angesehen werden, da *-ik* und *-isch* in *Lyrik* und *lyrisch* austauschbar sind. Dieser hierarchische Bau des Wortes läßt sich formal so beschreiben: *ex* + ((w + *ik*) + *er*).

Erschlossene Ableitungsstufen werden durch * gekennzeichnet.

Ableitungen:

s_S

-$\emptyset_S$	(*ver*+w_V)+$\emptyset_S$	530 04	*Verleih*	2
	(*ver*+(w_Z+*Ø[*en*]))+$\emptyset_S$	929 04	*Verein*	1
-ant	(*pro* + w + *t*) + *ant*	891 04	*Projektant*	1
-arium	(*in* + w + *ment*) + *arium*	26 10	*Instrumentarium*	1
-bold	(w_V+$\emptyset_S$) + *bold*	826 25	*Lügenbold*	1
-chen	(*pro* + w_S) + *chen*	873 14	*Promillchen*	1
-er	(*be* + w_V) + *er*	016 03	*Bezieher*	2
	(*ent* + w_V) + *er*	261 13	*Entwerfer*	1
	(*er* + w_V) + *er*	527 04	*Erbauer*	1
	(*dis* + w) + *er*	145 18	*Dicounter*	3
	(*ver* + w_V) + *er*	826 11	*Vertreter*	2
	(*un* + (w_V + $\emptyset_S$)) + *er*	930 67	*Unfaller*	1
	(w_S + *Ø[*en*]) + *er*	925 50	*Tester*	8
	(w_{Adj}+ *Ø[*en*]) + *er*	906 64	*Krümmer*	1
	(*be* + w_S +*Ø[*en*]) + *er*	530 03	*Besamer*	1
	(*be* + w_{Adj}+ *Ø[*en*]) + *er*	906 62	*Beschleuniger*	1
	(*be* + K_S +*Ø[*en*]) + *er*	016 01	*Befürworter*	1
	(*ent* + w_S + *Ø[*en*]) + *er*	925 54	*Entsafter*	1
	(*ver* + (w_S + *Ø[*en*])) + *er*	815 09	*Verteiler*	1
	(*ver* + (w_{Adj} + *Ø[*n*])) + *er*	386 15	*Versicherer*	3
	(*ver* + (K_{Adj}+*ig*)+*Ø[*en*])+*er*	923 37	*Verfielfältiger*	1
	(w_{Adj}+ *er*[*n*]) + *er*	530 01	*Neuerer*	1
	(*par* + w + *ier*[*en*]) + *er*	04 11	*Parodierer*	1
	(w + *ier*[*en*]) + *er*	043 08	*Rasierer*	1

	(kon+w+*ier* [*en*])+*er*	749	09	*Konservierer*	1
	((*pro*+w)+*ier* [*en*])+*er*	814	44	*Programmierer*	1
	((w+*on*)+*ik*)+*er*	814	30	*Elektroniker*	2
	(w+*ität*)+*er*	744	02	*Sanitäter*	1
-heit	(*un*+w_{Adj})+*heit*	815	31	*Unfreiheit*	2
	(*un*+(*be*+w_V)$_{Part}$)+*heit*	04	25	*Unbeschmiertheit*	1
	(*un*+(*kor*+w))+*heit*	430	15	*Unkorrektheit*	1
	(w_S+*ier* [*en*])$_{Part}$+*heit*	386	04	*Nuanciertheit*	1
-ik (f.)	(w_S+*al*)+*ik*	892	06	*Theatralik*	1
	(w_S+*ist*)+*ik*	016	06	*Touristik*	1
	(w+*on*)+*ik*	923	22	*Elektronik*	2
-il	(*pro*+w+*t*)+*il*	815	95	*Projektil*	1
-in, *-erin*	(w_S+*Ø [*n*])+*in*	605	12	*Fütterin*	1
	(*prä*+w+*ent*)+*in*	826	18	*Präsidentin*	1
	(w+*er*)+*in*	923	21	*Rechnerin*	1
	(w+*eur*)+*in*	744	06	*Kontrolleurin*	1
	(w_E+*ist*)+*in*	813	48	*Stalinistin*	2
	(Abk_E+*ler*)+*in*	386	41	*LCZ-lerin*	1
	(K_S+*ler*)+*in*	826	68	*Fallschirmsportlerin*	1
	(Abk_E+z)+*in*	528	06	*Komsomolzin*	1
	(*ver*+w_V)+*erin*	605	12	*Verstürzerin*	1
	(w_S+*l* [*n*])+*erin*	605	12	*Kettlerin*	1
-ation	(w+*fizier* [*en*])+*ation*	386	13	*Elektrifikation*	3
	(w+*ment*)+*ation*	925	18	*Dokumentation*	1
-ismus	(*im*+w_{Adj})+*ismus*	04	02	*Immobilismus*	1
	(K_V+$Ø_S$)+*ismus*	043	06	*Zufallismus*	1
	(w_S+*ial*)+*ismus*	254	07	*Kolonialismus*	5
	(w_S+*ar*)+*ismus*	906	04	*Säkularismus*	1
	(w_S+*ern*)+*ismus*	815	86	*Modernismus*	1
	(w+*izier* [*en*])+*ismus*	906	47	*Praktizismus*	1
	(*abs*+w+*ion*)+*ismus*	815	85	*Abstraktionismus*	1
	(*per*+w+*ion*)+*ismus*	043	09	*Perfektionismus*	1
	(w+*ation*)+*ismus*	143	02	*Isolationismus*	2
-ist	(*dia*+w)+*ist*	373	29	*Dialogist*	1
	(*kon*+w)+*ist*	386	04	*Kongressist*	1
	(w+*ial*)+*ist*	529	02	*Kolonialist*	2
	(*an*+w+*ion*)+*ist*	530	01	*Annexionist*	1

-ista (span.)	(w+*al*)+*ista*	892	03	*Legalista*	1
-ität	(w+*al*)+*ität*	906	64	*Verbalität*	4
	(WG_S+*al*)+*ität*	254	25	*Drei-Dimensionalität*	1
	(*a*+(w_S+*al*))+*ität*	016	28	*Atonalität*	1
-itis	(w_V+*er*)+*itis*	930	66	*Rolleritis*	1
-keit, *-igkeit*	(K_V+*bar*)+*keit*	906	70	*Aussagbarkeit*	1
	((*be*+(w_S+*Ø [*en*]))+*bar*)+*keit*	906	45	*Bearbeitbarkeit*	1
	((*trans*+w+*ier* [*en*])+*bar*)+*keit*	016	16	*Transferierbarkeit*	1
	(w_S+*ig*)+*keit*	261	70	*Luftigkeit*	1
	(WG_V+*ig*)+*keit*	930	66	*Windschlüpfigkeit*	1
	((K_V+$Ø_S$)+*ig*)+*keit*	145	02	*Widerständigkeit*	1
	(*un*+((K_V+*t*)+*ig*))+*keit*	923	36	*Uneinsichtigkeit*	1
	(K_S+*lich*)+*keit*	929	13	*Sozialstaatlichkeit*	2
	(*un*+(w_S+*lich*))+*keit*	929	09	*Unsportlichkeit*	1
	((*kon*+w+*ier* [*en*])+*lich*)+*keit*	26	11	*Kontinuierlichkeit*	1
	(w_S+*haft*)+*igkeit*	923	40	*Modellhaftigkeit*	1
	((*kom*+*(*pro*+w))+*los*)+*igkeit*	043	02	*Kompromißlosigkeit*	1
	(w_{Adj}+*schaft*)+*igkeit*	906	68	*Eigenschaftigkeit*	1
-ler	(w_S+*schaft*)+*ler*	749	02	*Wirtschaftler*	1
-ling	(K_V+$Ø_S$)+*ling*	254	09	*Überflüßling*	2
	((w_V+*t*)+*Ø [*en*])+*ling*	778	01	*Flüchtling*	1
-nis	(*ver*+w_V)+*nis*	774	01	*Verständnis*	1
	(w_V+$Ø_S$)+*nis*	26	08	*Bündnis*	1
-or, *-ator*	((w+*al*)+*isier* [*en*])+*ator*	530	06	*Rationalisator*	1
-schaft	$(er+w_V)_{Part}$+*schaft*	527	07	*Errungenschaft*	1
-schik	(*ap*+w)+*schik*	26	03	*Apparatschik*	1
-tum	(w+*ant*)+*tum*	145	12	*Praktikantentum*	1
	((w_{Adj}+*er* [*n*])+*er*)+*tum*	528	04	*Neuerertum*	1

	((w_S+ier[en])+er)+tum	26	01	Sektierertum	1
-ung	(be+w_V)+ung	016	06	Bebauung	2
	(ent+w_V)+ung	143	04	Entspannung	1
	(ver+w_V)+ung	923	21	Verspannung	3
	(w_S+*Ø[n])+ung	814	37	Steuerung	1
	(w_{Adj}+*Ø[en])+ung	373	01	Öffnung	3
	(be+(w_S+Ø[en]))+ung	930	66	Betankung	3
	(be+w_S+*Ø[en])+ung	814	46	Bestückung	1
	(be+($w_{Präp}$+*Ø[en]))+ung	749	11	Begegnung	1
	(ent+(w_S+*Ø[en]))+ung	016	25	Entfaltung	1
	(ent+w_S+*Ø[en])+ung	919	02	Entspeckung	1
	(er+(w_{Adj}+*Ø[en])+ung	891	10	Eröffnung	1
	(ver+(w_S+*Ø[en]))+ung	254	05	Verpuffung	5
	(ver+w_S+*Ø[en])+ung	043	11	Verbleiung	2
	(ver+w_E+*Ø[en])+ung	826	66	Verpreußung	1
	(ver+(w_{Adj}+*Ø[en]))+ung	373	02	Verhärtung	2
	(ver+w_{Adj}+*Ø[en])+ung	373	05	Versteifung	2
	(ent+(w_S+lich)+*Ø[en])+ung	143	09	Entsittlichung	1
	(ver+(w_Z+sam)+*Ø[en])+ung	923	03	Vereinsamung	1
	(ver+(w_{Adj}+schaft)+*Ø[en])+ung	929	11	Vergemeinschaftung	1
	(w_{Adj}+er[n])+ung	016	05	Linderung	1
	(ver+(w_V+er[n]))+ung	923	10	Versteigerung	1
	(w_S+ier[en])+ung	530	05	Torpedierung	5
	(w_E+isier[en])+ung	930	66	Dieselisierung	4
	(w_{Adj}+isier[en])+ung	386	37	Urbanisierung	3
	(w+ier[en])+ung	923	41	Sanierung	1
	(w+isier[en])+ung	891	07	Dynamisierung	6

	(K_S+*isier*[en])+*ung*	26	11	*Ideologisierung*	2
	(*ak*+w+*ier*[en])+*ung*	373	03	*Akzeptierung*	1
	(*ent*+w_E+*isier*[en])+ *ung*	04	04	*Entstalinisierung*	2
	(*ent*+(K_S+*isier*[en]))+ *ung*	26	32	*Entideologisierung*	1
	((*in*+w)+*ier*[en])+ *ung*	906	06	*Internierung*	1
	((*re*+w)+*isier*[en])+ *ung*	254	23	*Revueisierung*	3
	(*re*+w+*isier*[en])+ *ung*	016	03	*Reformierung*	1
	(*re*+(w+*isier*[en]))+ *ung*	528	02	*Refaschisierung*	1
	(*re*+(K_S+*isier*[en]))+ *ung*	26	32	*Re-Ideologisierung*	1
	((w+*al*)+*isier*[en])+ *ung*	043	03	*Optimalisierung*	3
	((w_S+*ikal*)+*isier*[en])+ *ung*	923	03	*Klerikalisierung*	1
	((*inter*+(w_S+*al*))+ *isier*[en])+*ung*	530	02	*Internationali- sierung*	1
	(*ent*+(*(w+*ar*)+*isier*[en])) +*ung*	891	03	*Entmilitarisierung*	1
	(*re*+(*(w+*ar*)+*isier*[en])) +*ung*	528	01	*Remilitatisierung*	1
	((*dif*+w+*enz*)+*ier*[en])+ *ung*	04	04	*Differenzierung*	1
	((w+*iv*)+*ier*[en])+*ung*	386	01	*Aktivierung*	1
	(*be*+w_S+*ig*[en])+*ung*	143	13	*Beteiligung*	1

s_V

∅[en], -∅[n]	(K_V+*er*)+∅[n]	930	28	*anhaltern*	1
	(w_S+*ler*)+∅[n]	930	66	*sportlern*	1
	(w_S+*schaft*)+∅[en]	016	25	*wirtschaftend*	1

-ier [en],					
-isier [en]	(*de*+w)+*ier* [en]	26	18	*deroutiert*	1
	(*kon*+w)+*isier* [en]	873	28	*konkretisieren*	1
	(*pro*+w)+*ier* [en]	26	31	*programmieren*	2
	(w+*al*)+*isier* [en]	815	09	*rationalisieren*	2
	(*di*+w +*ion*)+*ier* [en]	923	21	*dimensioniert*	1
	(*kon*+w+*ion*)+*ier* [en]	826	49	*konditionieren*	1

^{s}Adj

-al	(*con*+w+*ent*)+*al*	744	03	*continental*	1
	(*in*+w+*ment*)+*al*	016	02	*instrumental*	1
-är	(*de*+w)+*är*	261	17	*defizitär*	1
	(*re*+w+*ion*)+*är*	143	04	*reaktionär*	1
-bar	(*be*+w_V)+*bar*	254	18	*bebaubar*	1
	(*er*+w_V)+*bar*	430	18	*erhoffbar*	1
	(w+*ier* [en])+*bar*	26	18	*kalkulierbar*	1
	(w_{Adj}+*isier* [en])+*bar*	254	05	*sterilisierbar*	1
	(*kom*+w+*ier* [en])+*bar*	386	20	*kombinierbar*	1
-ell, -iell,					
-uell	(*kon*+w+*ion*)+*ell*	016	01	*konventionell*	3
	(*kon*+w+*ur*)+*ell*	016	25	*konjunkturell*	2
	(*prä*+w+*ent*)+*iell*	891	03	*präsidentiell*	1
	(*ex*+w+*enz*)+*iell*	929	30	*existentiell*	1
	(*intel*+w+*t*)+*uell*	26	13	*Intellektueller*	1
-haft	(*re*+w+*age*)+*haft*	430	18	*reportagehaft*	1
	(w_V+*e*)+*haft*	373	29	*schmierenhaft*	1
-ig	(w_S+*wärts*)+*ig*	826	25	*ostwärtig*	1
-isch,					
-atisch	*(*se*+w+*ar*)+*isch*	923	21	*sekretarisch*	1
	(w_S+*er*)+*isch*	016	06	*gärtnerisch*	1
	(w_V+*er*)+*isch*	373	14	*fliegerisch*	7
	(K_S+*er*)+*isch*	043	01	*klassenkämpferisch*	1
	(WG_V+*er*)+*isch*	873	31	*gleichmacherisch*	4
	((*ver*+w+*Ø [en])+*er*)+*isch*	143	01	*verleumderisch*	1
	((*ver*+K_S+*Ø [en]) +*isch*	815	9C	*veranstalterisch*	1

	((w_S+ier[en])+er)+isch	373	03	*sektiererisch*	1
	(w_S+ist)+isch	529	01	*rassistisch*	4
	(w_E+ist)+isch	373	03	*gaullistisch*	3
	(K_S+ist)+isch	530	02	*staatsmonopolistisch*	1
	(di+w+ist)+isch	016	03	*dirigistisch*	1
	((pro+w)+ist)+isch	373	04	*progressistisch*	1
	(re+w+ist)+isch	26	01	*reformistisch*	1
	((w_S+al)+ist)+isch	815	85	*formalistisch*	1
	((w_S+ial)+ist)+isch	386	05	*kolonialistisch*	2
	((w+al)+ist)+isch	605	02	*neutralistisch*	3
	(w+ial)+ist)+isch	26	07	*sozialistisch*	1
	(((ex+w+enz)+ial)+ist)+isch	892	06	*existentialistisch*	1
	((w_S+ern)+ist)+isch	815	86	*modernistisch*	1
	((pro+w+ion)+ist)+isch	04	01	*protektionistisch*	1
	((re+w+ion)+ist)+isch	26	01	*revisionistisch*	1
	((w+iv)+ist)+isch	373	06	*aktivistisch*	1
	(K_V+ler)+isch	906	05	*abweichlerisch*	1
	(K_S+ner)+isch	826	11	*lichtbildnerisch*	1
	(w+on)+isch	923	21	*elektronisch*	3
	(pro+w)+atisch	143	04	*programmatisch*	1
-iv	(ap+w)+iv	043	11	*apparativ*	1
-lich	(ur+K_S)+lich	929	30	*urzuständlich*	1
	((ver+w_V)+$Ø_S$)+lich	930	67	*verkehrlich*	1
	(ge+w_V+*e)+lich	016	06	*gewerblich*	1
	(w+ei)+lich	254	23	*parteilich*	1
	(w_{Adj}+heit)+lich	016	01	*freiheitlich*	1
	(w_S+schaft)+lich	529	01	*genossenschaftlich*	1
	(w_S+tum)+lich	906	46	*kindertümlich*	1
-los	(ge+w_V+$Ø_S$)+los	437	05	*gerüstlos*	1
	(w_{Adj}+e)+los	892	05	*schwerelos*	1
	(as+w+ation)+los	906	69	*assoziationslos*	1
	(w+ität)+los	254	23	*qualitätslos*	1
	(w_S+schaft)+los	26	38	*Wirtschaftsloser*	1
	(w_V+t)+los	891	07	*nahtlos*	1
	(w_V+ung)+los	26	31	*ladungslos*	1

mäßig	(ge+w+$Ø_S$)+mäßig	386	37	gewichtsmäßig	2
	(w+ei)+mäßig	813	48	parteimäßig	1
	(intel+w+enz)+mäßig	373	25	intelligenzmäßig	1
	(w_V+ung)+mäßig	906	45	wohnungsmäßig	1
	((ver+w_V)+ung)+mäßig	373	07	verwaltungsmäßig	1
	((be+w_S+er[n])+ung)+mäßig	373	25	bevölkerungsmäßig	1

s_{Adv}

-seits	(w_E+erisch)+seits	26	25	schweizerischerseits	1
-weise	(w_V+$Ø_S$)+weise	386	05	schrittweise	1
	((ge+w_V)+$Ø_S$)+weise	016	05	gebietsweise	1
	$(be+(w_S+Ø[en]))_{Part}$+weise	892	01	begründeterweise	1
	(w+al)+weise	373	25	idealerweise	1
	(w_S+chen)+weise	815	90	häppchenweise	1
	((tra+w+ion)+ell)+weise	26	10	traditionellerweise	1
	(w_S+ig)+weise	254	23	listigerweise	1

Präfigierungen:

ante-	ante+((w+itiv)+ismus)	873	31	Ante-Primitivismus	1
anti-	anti+(w_S+age)	891	03	Antispionage	1
	anti+(w_V+e)	261	70	Antigeschichte	1
	anti+(w_E+ist)	04	04	Anti-Marxist	1
	anti+(w_V+ung)	254	07	Anti-Bewegung	1
	anti+((w_S+Ø*[en])+ung*)	814	33	Anti-Stimmung	1
be-	be+(w_S+Ø[en])	749	02	beschatten	3
	be+((w_S+ig)+Ø[en])	373	02	bekräftigen	1
	be+(w_S+ig[en])	815	85	beschädigt	1
de-	de+((w+al)+isier[en])	923	01	dezentralisiert	1
	de+(se+w+ation)	373	04	Desegregation	1

ent-	*ent*+(w_S+Ø[*en*])	906 63	*entlüften*	2
	ent+(w_{Adj}+Ø[*en*])	527 12	*enteignen*	1
	ent+*(w+*ar*)+*isier*[*en*])	386 37	*entmilitarisiert*	1
epi-	*epi*+(*dia*+w)	923 22	*Epidiaskop*	1
erz-	*erz*+(((*ver*+w_V)+*er*)+*in*)	923 04	*Erzverführerin*	1
ex-	*ex*+(w+*er*)	826 38	*Ex-Mariner*	1
	ex+(w_E+*er*)	891 10	*Ex-Tullner*	1
	ex+(w_V+*er*)	873 10	*Exboxer*	1
	ex+((w+*ik*)+*er*)	815 86	*Exlyriker*	1
	ex+(*kom*+w+*izier*[*en*])	04 04	*exkommunizieren*	1
	ex+(w_E+*isch*)	826 66	*ex-österreichisch*	1
	ex+(w+*ling*)	929 09	*Ex-Sträfling*	1
extra-	*extra*+(w+*estrisch*)	261 67	*extraterrestrisch*	1
in-	*in*+(*dif*+w+*ent*)	437 07	*indifferent*	1
infra-	*infra*+(w+*ur*)	26 18	*Infrastruktur*	1
inter-	*inter*+(w_S+*al*)	530 05	*Internationale*	2
	inter+(w+*iell*)	04 02	*interministeriell*	1
	inter+(w_E+*isch*)	016 25	*interamerikanisch*	1
ko-, kon-	*ko*+(w_S+*iell*)	261 70	*Koindustrieller*	1
	ko+(*ex*+w+*enz*)	254 04	*Koexistenz*	1
	ko+(*pro*+w+*ion*)	923 42	*Koproduktion*	2
pan-	*pan*+((w+*al*)+*ismus*)	815 91	*Pansexualismus*	1
para-	*para*+(w+*al*)	885 54	*paranormal*	1
	para+((w+*är*)+*isch*)	386 37	*paramilitärisch*	1
post-	*post*+((*abs*+w+*ion*)+*ismus*)	873 31	*Post-Abstraktionismus*	1
pro-	*pro*+((*kom*+w+*ist*)+*isch*)	605 02	*pro-kommunistisch*	1
re-	*re*+(*kon*+w+*ation*)	814 44	*Rekonzentration*	1

sub-	*sub*+(*kom*+w+*ion*)	386	04	*Subkommission*	1
	sub+(*kon*+w+*ent*)	26	25	*Subkontinent*	1
super-	*super*+((w$_S$+*Ø[*en*])+*er*)	145	20	*Supertanker*	1
	super+(w$_S$+*ern*)	528	04	*supermodern*	1
	super+(w$_S$+*ler*)	254	28	*Supersportler*	1
	super+(*kon*+w+*ation*)	814	46	*Superkonzentration*	1
ultra-	*ultra*+(*kon*+w+*ativ*)	26	07	*Ultrakonservativer*	1
un-	*un*+(+w$_S$+Ø[*n*])$_{Part}$	143	01	*ungesteuert*	1
	un+(w$_V$+*bar*)	906	64	*unbrennbar*	2
	un+(K$_V$+*bar*)	016	03	*unzumutbar*	1
	un+(w$_S$+Ø[*en*])$_{Part}$	143	14	*ungefährdet*	1
	un+(w$_S$+*ier*[*en*])$_{Part}$	826	15	*unbalanciert*	2
	un+(w+*isch*)	26	16	*unklassisch*	1
	un+(K$_S$+*lich*)	254	25	*ungegenständlich*	1
	un+(*be*+w$_V$)$_{Part}$	254	06	*unbeleuchtet*	1
	un+((*be*+*(w+*ig*)+*Ø[*en*])+*bar*)	26	33	*unbewältigbar*	1
	un+((*de*+(w$_S$+*ier*[*en*]))+*bar*)	261	72	*undechiffrierbar*	1
	un+(*ge*+w$_V$+Ø$_S$)	923	04	*Ungeschmack*	1
	un+(*ko*+w+*ativ*)	26	08	*unkooperativ*	1
	un+((*pro*+w)+*atisch*)	26	11	*unprogrammatisch*	1
	un+((*syn*+w)+*isier*[*en*])$_{Part}$	925	06	*unsynchronisiert*	1
	un+((*ver*+w$_V$)+*bar*)	016	17	*unverbaubar*	1
	un+(((*ver*+w$_V$)+*t*)+*Ø[*en*])+*bar*)	530	02	*unverzichtbar*	1
	un+((*(*ver*+w$_V$)+Ø$_S$)+*lich*)	991	07	*unverbrüchlich*	1
ur-	*ur*+(w$_E$+*er*)	923	39	*Ur-Berliner*	1
	ur+(K$_V$+*ung*)	016	04	*Urabstimmung*	1
ver-	*ver*+(w$_S$+Ø[*en*])	885	02	*vertwisten*	7
	ver+(w$_{Adj}$+Ø[*en*])	815	90	*verwerten*	1
	ver+(w$_{Interj}$+Ø[*en*])	925	19	*verpaffen*	1
	ver+(K$_S$+Ø[*en*])	885	61	*verfrühstücken*	1
	ver+(K$_S$+*isier*[*en*])	430	18	*verbürokratisiert*	1
	ver+(w$_V$+*l*[*en*])	143	15	*vergraulen*	1

Präfigierte und abgeleitete Formen:

anti---är	*anti*+(*in*+w+*ion*)+*är*	261	17	*antiinflationär*	2
be---∅[*en*]	*be*+(w+*ig*)+∅[*en*]	143	04	*bewältigen*	1
er---∅[*n*]	*er*+(w_S+*el*)+∅[*n*]	778	12	*ermitteln*	1
ge---e (n.)	*ge*+(w_{Interj}+*∅[*en*])+*e*	26	13	*Gebuhe*	1
in---ent	*in*+(*trans*+w)+*ent*	373	03	*intransigent*	1
post---är	*post*+(*re*+w+*ion*)+*är*	26	02	*post-revolutionär*	1
re---ativ	*re*+(*prä*+w)+*ativ*	016	17	*repräsentativ*	2
ver---∅[*en*]	*ver*+(w_S+*schaft*)+∅[*en*]	892	07	*vergesellschaften*	1
	ver+(*un*+(w_V+$∅_S$))+∅[*en*]	386	15	*verunfallen*	1
	ver+(*un*+(w_Z+*ig*))+∅[*en*]	873	06	*veruneinigt*	1
zer---∅[*en*]	*zer*+(w_S+*er*)+∅[*en*]	749	02	*zertöppern*	1

Das Substantivsuffix *-ung* geht die meisten, d.h. 43 verschiedene Verbindungen ein. Davon sind die Typen (w+*isier*[*en*])+*ung*, (*ver*+(w_S+*∅[*en*]))+*ung* und (w_S+*ier*[*en*])+*ung* am häufigsten belegt. Es folgen *-isch* mit 27 verschiedenen Verbindungen, davon am häufigsten belegt: (w_V+ *er*)+*isch*, und *-er* mit 22 Verbindungen, davon am häufigsten belegt: (w_S+*∅[*en*])+*er*. *un-* geht 17 Verbindungen ein, *-keit* 13 und *-in* 10 Verbindungen - alle sehr gering belegt. *-ismus* geht 9 verschiedene Verbindungen ein, davon am häufigsten belegt: (w_S+ *ial*)+*ismus*.
Alle übrigen Affixverbindungen sind sehr gering belegt.

3.4.4 Klassifizierung der Affixtypen nach ihrer Transformierbarkeit[49]

Ableitungen

^{s}S	Transformation	Beispiel	Anzahl der Belege
$-\emptyset_S$	00 n.tr.	873 59 *Schub*	17
-ade, -iade	00 n.tr.	923 40 *Robinsonade*	2
-aire	00 n.tr.	386 06 *Diamantaire*	1
-al, -ical	00 n.tr.	254 23 *Musical*	4
-ale	00 n.tr.	430 08 *Berlinale*	2
-andum	23 NS	373 02 *Traktandum*→das traktiert werden muß	1
-aner, -ianer	23 NS	930 66 *Horexianer*→der eine Horex fährt	6
-ant	23 NS	373 04 *Manifestant*→der manifestiert	2
-anz	00 n.tr.	26 08 *Militanz*	1
-are	00 n.tr.	923 24 *Familiare*	1
-arium	00 n.tr.	26 10 *Instrumentarium*	1
-at (n.)	00 n.tr.	016 04 *Diakonat*	1
-bold	23 NS	826 25 *Lügenbold*→der (häufig) lügt	1
-chen	02 Adj+S	430 08 *Filmchen*→kleiner Film	8
	00 n.tr.	749 10 *Jährchen*	3
-de	00 n.tr.	906 69 *Dickde*	1
-e (f.)	23 NS	778 09 *Spüle*→worin gespült wird	4
	00 n.tr.	923 41 *Suche*	10
-e (m.)	23 NS	930 66 *Tachographologe*→der sich mit Tachographologie beschäftigt	4
	00 n.tr.	04 09 *Suhrkämpe*	1
-ei, -elei, -erei	00 n.tr.	26 37 *Logelei*	11
-el	00 n.tr.	254 02 *Schnorchel*	1
-er	23 NS	923 40 *Macher*→der macht	125
	00 n.tr.	04 21 *Krämer*	9
-er (engl.)	00 n.tr.	931 02 *Mariner*	2

-ern (engl.)	00	n.tr.	143 02	*Western*	2
-ette	00	n.tr.	145 13	*Kosmonette*	2
-eur, -ateur	23	NS	923 40	*Operateur*→der operiert	1
-euse	23	NS	814 39	*Kontrolleuse*→die kontrolliert	1
-heit	00	n.tr.	909 04	*Steilheit*	15
-i	00	n.tr.	749 06	*Wauwi*	1
-ia	00	n.tr.	930 66	*Sozia*	2
-iano	02	Adj+S	923 22	*Klaviano*→kleines Klavier	1
-ie, -erie	00	n.tr.	929 04	*Energie*	3
-iër	23	NS	430 03	*Brigadier*→der eine Brigade leitet	1
-ik (f.)	00	n.tr.	016 02	*Dramatik*	16
-ik, -ic (n.)	00	n.tr.	914 81	*Elastic*	1
-ik (russ.)	00	n.tr.	931 29	*Lunik*	1
-il	00	n.tr.	815 95	*Projektil*	1
-in, -erin	23	NS	386 41	*LCZ-lerin*→die der LCZ angehört	20
	00	n.tr.	145 08	*Gesponsin*	6
-ina	00	n.tr.	145 19	*Leicina*	1
-ing (engl.)	00	n.tr.	929 29	*Camping*	1
-ion, -ation, -ition	00	n.tr.	914 72	*Coloration*	12
-ismus	00	n.tr.	992 51	*Alkoholismus*	28
-ist	23	NS	143 09	*Hobbyist*→der ein Hobby hat	19
-ista (span.)	00	n.tr.	892 03	*Legalista*	1
-ität	00	n.tr.	373 29	*Seriosität*	11
-iter	23	NS	04 04	*Moskowiter*→der in Moskau lebt	1
-itis	00	n.tr.	930 66	*Rolleritis*	1
-keit, -igkeit	00	n.tr.	254 05	*Steifigkeit*	17
-ler	23	NS	930 66	*Autler*→der ein Auto fährt	17
-let	02	Adj+S	873 25	*Starlet*→kleiner Star	1

-ling	23 NS	906	66	*Keimling*→der keimt	6
	00 n.tr.	906	05	*Hundling*	2
-ment	00 n.tr.	914	74	*Temperament*	1
-ment (engl.)	00 n.tr.	814	44	*Management*	1
-ner	23 NS	527	05	*Söldner*→der im Sold steht	2
-nik	00 n.tr.	931	30	*Venusnik*	5
-nis	00 n.tr.	26	08	*Bündnis*	3
-or, -ator	23 NS	925	48	*Stimulator*→der stimuliert	6
	00 n.tr.	931	30	*Sensor*	1
-schaft	00 n.tr.	254	15	*Organschaft*	7
-schik	00 n.tr.	26	03	*Apparatschik*	1
-t, -st	00 n.tr.	929	03	*Dienst*	4
-tum	00 n.tr.	386	04	*Pioniertum*	6
-ung	00 n.tr.	923	05	*Findung*	108

^{s}V

-Ø[en], *-Ø[n]*, *-Ø[t]*	21 $NG_{(Präp)}$+V	254	28	*twisten*→Twist tanzen	21
	00 n.tr.	906	69	*cutten*	27
	43 $NG_{Präp}$	261	27	*kugelgelagert*→mit Kugellager	2
	46 $NG_g/NG_{Präp}$	530	01	*geartet*→der Art/von der Art	1
-er[n]	21 $NG_{(Präp)}$+V	885	47	*sprichwörtern*→in sprichwörtern reden	1
	00 n.tr.	906	65	*webern*	1
-ier[en], *-isier[en]*, *-izier[en]*	21 $NG_{(Präp)}$+V,	930	66	*garagieren*→in die (eine) Garage bringen	38
	00 n.tr.	527	03	*orientieren*	15

	43	$NG_{Präp}$	043	01	*profiliert*→mit Profil	1
	23	NS	04	02	*Regierende*→der regiert	4
-*fizier[en]*	00	n.tr.	530	04	*qualifizieren*	1

^{s}Adj

-*al*	43	$NG_{Präp}$	373	45	*saisonal*→(nur) i.d. Saison	5
	46	$NG_{g}/NG_{Präp}$	016	02	*regional*→der Region/in der Region	1
	54	NG+*betreffend*	26	20	*national*→die Nation betreffend	1
	00	n.tr.	815	95	*ideal*	
	23	NS	143	15	*Nationaler*→der national (eingestellt) ist	1
-*ant*	43	$NG_{Präp}$	892	09	*kulant*→mit Kulanz	
-*ar*	00	n.tr.	923	02	*nuklear*	3
-*är*	23	NS	016	25	*stationär*→der (die, das) stationiert ist	2
	27	Kompositionsglied	815	31	*elitär*→Elite-	1
	54	NG+*betreffend*	069	02	*televisionär*→die Television betreffend	1
	00	n.tr.	815	30	*totalitär*	4
-*artig*	33	*wie*+NG	254	14	*gitterartig*→wie ein Gitter	8
-*bar*	24	*kann*+Inf_{pass}	016	03	*aufblasbar*→kann aufgeblasen werden	18
	00	n.tr.	016	07	*kostbar*	2
-*ell*, -*iell*, -*uell*	54	NG+*betreffend*	016	25	*konjunkturell*→ die Konjunktur betreffend	3
	55	$NG_{Präp}$+*bezogen*	26	18	*punktuell*→auf einen Punkt bezogen	1
	00	n.tr.	016	28	*seriell*	5
	23	NS	.529	02	*Metallindustrieller*→ der zur Metallindustrie gehört	3
-*en*, -*n*	43	$NG_{Präp}$	906	70	*zementen*→aus Zement	1

	00	n.tr.	813 44	*radarn*	1
-fach	00	n.tr.	143 44	*mehrfach*	1
-förmig	33	*wie*+NG	143 16	*trapezförmig*→wie ein Trapez	2
-gēn	47	Adj+Inf	873 25	*fotogen*→gut zu fotographieren	1
-haft	43	$NG_{Präp}$	26 11	*stichworthaft*→in Stichwörtern	3
	33	*wie*+NG	254 25	*vignettenhaft*→wie Vignetten	10
	33	*wie*+Präp+NG	826 67	*sagenhaft*→wie in einer Sage	1
	00	n.tr.	437 22	*Fabelhaftes*	1
-ig	43	$NG_{Präp}$	923 07	*zweibettig*→mit zwei Betten	40
	33	*wie*+NG	930 66	*bullig*→wie ein Bulle	6
	00	n.tr.	930 66	*schnittig*	20
	23	NS	873 43	*wacklig*→der wackelt	2
-isch, -anisch, -arisch,	46	$NG_g/NG_{Präp}$	016 04	*senegalisch*→des Senegals/ aus dem Senegal	12
-atisch, -erisch, -esisch, -inisch	43	$NG_{Präp}$	373 34	*panoramisch*→mit Panorama	14
	29	*als*+NG	373 17	*fliegerisch*→als Flieger	2
	33	*wie*+NG	04 10	*celanisch*→wie Celan	10
	54	NG+*betreffend*	254 03	*methodisch*→die Methode betreffend	19
	00	n.tr.	04 15	*bohämisch*	47
	23	NS	254 23	*Atmosphärisches*→das Atmosphäre hat	2
-iv,-ativ	33	*wie*+NG	929 05	*plakativ*→wie ein Plakat	1
	54	NG+ *betreffend*	043 11	*apparativ*→Apparate (den Apparat)betreffend	1
	00	n.tr.	813 44	*massiv*	7
	43	$NG_{Präp}$	815 26	*operativ*→durch Operation	3
-lich	42	NG_g	373 14	*bundesrätlich*→des Bundesrats	5
	43	$NG_{Präp}$	26 13	*mischehelich*→in einer Mischehe	14

	46	$NG_g/NG_{Präp}$	04 04	*östlich*→des Ostens/ im, aus dem Osten	20
	34	*wie*+Präp+NG	26 10	*biedermeierlich*→wie im Biedermeier	2
	54	NG+*betreffend*	043 10	*fußballsportlich*→den Fußballsport betr.	5
	27	Kompositionsglied	143 04	*brüderlich*→Bruder-	2
	00	n.tr.	812 05	*wirtschaftswunderlich*	8
-los	43	$NG_{Präp}$	26 18	*filterlos*→ohne Filter	19
	00	n.tr.	929 31	*Dauerloses*	1
-mäßig	43	$NG_{Präp}$	815 96	*serienmäßig*→in Serien	6
	33	*wie*+NG	26 22	*rübölmäßig*→wie Rüböl	1
	34	*wie*+Präp+NG	886 37	*geschäftsmäßig*→wie bei einem Geschäft	2
	54	NG+*betreffend*	143 12	*wertmäßig*→den Wert betreffend	8
-ös, -iös	43	$NG_{Präp}$	930 29	*kurvös*→mit Kurven	2
	33	*wie*+NG	826 65	*elephantiös*→wie ein Elefant	1
	34	*wie*+Präp+NG	26 16	*ballettös*→wie im Ballett	2
-sam	00	n.tr.	891 04	*gemeinsam*	1

s_{Adv}

-seits	43	$NG_{Präp}$	26 25	*schweizerischerseits*→in (von) der Schweiz	1
	00	n.tr.	143 13	*abseits*	2
-wärts	43	$NG_{Präp}$	815 88	*gräberwärts*→zu den Gräbern	2
-weise	43	$NG_{Präp}$	814 44	*kompanieweise*→in Kompanien	12
	00	n.tr.	373 25	*idealerweise*	5

Präfigierungen

Substantive

P

ante-	00	n.tr.	873 31	*Ante-Primitivismus*	1

anti-	00 n.tr.	814	33	*Anti-Stimmung*	6
bi-	00 n.tr.	826	26	*Bizone*	1
de-	00 n.tr.	373	04	*Desegregation*	1
epi-	00 n.tr.	923	22	*Epidiaskop*	1
erz-	00 n.tr.	923	04	*Erzverführerin*	1
ex-	02 Adj+S	826	54	*Ex-Ehe*→frühere Ehe	9
infra-	00 n.tr.	26	18	*Infrastruktur*	1
ko-, co-	02 Adj+S	923	42	*Koproduktion*→gemeinsame Produktion	2
	00 n.tr.	254	04	*Koexistenz*	1
pan-	00 n.tr.	815	91	*Pansexualismus*	1
post-	00 n.tr.	873	31	*Post-Abstraktionismus*	1
prä-	00 n.tr.	873	31	*Prä-Im-Expressionismus*	1
pro-	00 n.tr.	873	12	*Promille*	3
re-	02 Adj+S	814	44	*Rekonzentration*→erneute Konzentration	1
sub-	00 n.tr.	26	25	*Subkontinent*	2
super-	00 n.tr.	885	53	*Superbombe*	12
un-	00 n.tr.	923	04	*Ungeschmack*	2
ur-	00 n.tr.	923	39	*Ur-Berliner*	2

Verben

P

be-	21 $NG_{(Präp)}$+V	815	87	*befragen*→Fragen stellen	1
	00 n.tr.	826	34	*befliegen*	24
de-	00 n.tr.	923	01	*dezentralisiert*	1
ent-	21 $NG_{(Präp)}$+V	930	67	*entfährden*→von Gefahr befreien	3
	00 n.tr.	815	95	*entwickelt*	4
er-	00 n.tr.	261	17	*erfahren*	6
ex-	00 n.tr.	04	04	*exkommunizieren*	1
in-	00 n.tr.	815	33	*infiltriert*	1
ver-	21 $NG_{(Präp)}$+V	885	02	*vertwisten*→zum Twist machen	9
	00 n.tr.	923	03	*verhindert*	20
zer-	00 n.tr.	00	28	*zersiedeln*	1

Adjektive

P

ex-	32 Adv+Adj	826	66	*ex-österreichisch*→ehemals österreichisch	1

extra-	00	n.tr.	261	67	*extraterrestrisch*	1
inter-	43	$NG_{Präp}$	04	02	*interministeriell*→zwischen den Ministern	2
	00	n.tr.	530	05	*Internationale*	2
ko-, kon-	00	n.tr.	530	04	*konkret*	3
	00	n.tr.	261	70	*Koindustrieller*	1
para-	43	$NG_{Präp}$	885	54	*paranormal*→jenseits des Normalen	2
peri-	00	n.tr.	04	04	*peripher*	1
pro-	43	$NG_{Präp}$	605	02	*pro-kommunistisch*→für den Kommunismus	1
super-	32	Adv+Adj	254	23	*superspitz*→besonders spitz	3
syn-	00	n.tr.	814	45	*synchron*	1
ultra-	32	Adv+Adj	814	37	*ultradünn*→übermäßig dünn.	1
	23	NS	26	07	*Ultrakonservativer*→der besonders konservativ ist	1
un-	32	Adv+Adj	043	20	*uneitel*→nicht eitel	22
	00	n.tr.	991	07	*unverbrüchlich*	1
ver-	00	n.tr.	26	11	*Verqueres*	1

P/A

Substantive

p - s

an - euse	23	NS	254	20	*Annonceuse*→die annonciert	1
ana - ator	23	NS	814	44	*Analysator*→der analysiert	
anti - iker	23	NS	813	44	*Antidogmatiker*→der gegen das Dogma ist	1
anti - ismus	00	n.tr.	826	23	*Anti-Amerikanismus*	1
as - ent	23	NS	923	40	*Assistent*→der assistiert	1
de - ant	00	n.tr.	914	31	*Deodorant*→das deodoriert	1
de - ation	00	n.tr.	254	03	*Demonstration*	1
di - ant	00	n.tr.	906	47	*Diversant*	1
di - ikum	00	n.tr.	906	68	*Dielektrikum*	1
e - or	00	n.tr.	892	03	*Elektor*	1
en - ment	00	n.tr.	386	01	*Engagement*	1
ge - $\emptyset_s$	00	n.tr.	929	04	*Geschupp*	7
ge - e (n.)	00	n.tr.	26	13	*Gefüge*	3
ge - e (m.)	23	NS	815	88	*Gehilfe*→der hilft	1
in - ant	23	NS	143	09	*Infiltrant*→der infiltriert	1
in - ation	00	n.tr.	016	01	*Information*	2

in -or,-ator	23	NS	386	28	*Instruktor*→der instruiert	2
kom - at	00	n.tr.	906	47	*Kombinat*	1
kom - ation	00	n.tr.	815	09	*Kommunikation*	4
ko - ator	23	NS	814	44	*Koordinator*→der koordiniert	1
kom - iteur	23	NS	914	72	*Kompositeur*→der komponiert	1
kol - iv	00	n.tr.	430	18	*Kollektiv*	1
pro - ion	00	n.tr.	373	29	*Produktion*	4
re - anz	00	n.tr.	906	70	*Redundanz*	2
re - ion	00	n.tr.	26	01	*Reaktion*	1
syn -ik,-ic	00	n.tr.	914	06	*Synthetik*	2
trans - er	23	NS	386	13	*Transformer*→der transformiert	1

Verben

p - s

be - ∅[en]	21	$NG_{(Präp)}$+V	906	63	*bekielen*→mit einem Kiel versehen	10
	00	n.tr.	749	10	*befehden*	6
be - er[n]	21	$NG_{(Präp)}$+V	143	16	*bebildern*→mit Bildern versehen	1
er - ∅[en]	21	$NG_{(Präp)}$+V	906	63	*enteisen*→von Eis befreien	2
	00	n.tr.	430	18	*entlarvend*	3
er - ∅[en]	21	$NG_{(Präp)}$+V	906	08	*erfrischen*→frisch machen	2
	00	n.tr.	778	12	*ermitteln*	1
er - er[n]	21	$NG_{(Präp)}$+V	906	08	*erneuern*→neu machen	1
ex - ier[en]	00	n.tr.	143	15	*exponiert*	1
in-,il-,im — ier[en]	00	n.tr.	923	42	*illuminieren*	3
ko-,kon — ier[en]	00	n.tr.	26	18	*koordinieren*	2
per - ier[en]	00	n.tr.	261	70	*pervertieren*	1
re - ier[en]	21	$NG_{(Präp)}$+V	815	85	*re-installieren*→erneut installieren	2
se - ier[en]	00	n.tr.	892	09	*separiert*	1
ver - ∅[en],	21	$NG_{(Präp)}$+V	254	01	*verteuern*→teurer machen	5
- ∅[n]	00	n.tr.	26	08	*verlappen*	3
zer - ∅[n]	00	n.tr.	749	02	*zertöppern*	1

Adjektive

p - s

ad - ativ	46	$NG_g/NG_{Präp}$	430	02	*administrativ* → der Administration/ durch Administration	1
anti - är	43	$NG_{Präp}$	261	17	*antiinflationär* → gegen (die) Inflation	2
anti - iell	43	$NG_{Präp}$	873	40	*antibakteriell* → gegen Bakterien	1
anti - isch, - nisch, - istisch	43	$NG_{Präp}$	812	11	*antimykotisch* → gegen Mykose	8
at - iv	00	n.tr.	04	04	*attraktiv*	2
de - iv	00	n.tr.	920	16	*defensiv*	1
ex - iv	00	n.tr.	815	90	*exklusiv*	1
ge - ig	00	n.tr.	814	48	*gefräßig*	1
in - ativ	23	NS	26	34	*informativ* → das informiert	1
in - ent	00	n.tr.	373	03	*intransigent*	1
kon - abel	24	*kann*+Inf_{Pass}	906	63	*konjugabel* → kann konjugiert werden	1
kon - iv	00	n.tr.	26	17	*konstruktiv*	2
post - är	43	$NG_{Präp}$	26	02	*postrevolutionär* → nach der Revolution	1
post - nisch	43	$NG_{Präp}$	26	08	*postkubanisch* → nach Kuba (Kuba-Konflikt)	1
pro-istisch	43	$NG_{Präp}$	892	03	*pro-peronistisch* → für Peron	1
pro - lich	43	$NG_{Präp}$	605	02	*pro-westlich* → für den Westen	1
re - ativ	23	NS	016	17	*repräsentativ* → das repräsentiert	2
supra - al	43	$NG_{Präp}$	043	03	*supranational* → über den Nationen	1
sym - isch	00	n.tr.	143	09	*sympatisch*	
trans - isch	43	$NG_{Präp}$	26	01	*transatlantisch* → jenseits des Atlantik, über den Atlantik	1

Die meisten Ableitungen, Präfigierungen und präfigierten und abgeleiteten Formen sind nicht transformierbar; von den transformierbaren zeigen Ableitungen mit den Suffixen *-isch* und *-lich* die größte Variationsbreite: sie lassen sieben verschiedene Transformationen zu. Es folgen Adjektivableitungen auf *-al* mit fünf, Verbalableitungen mit dem Nullsuffix und mit *-ieren* und Adjektivableitungen auf *-är, -ell, -haft, -ig, -iv, -mäßig* mit je vier und Adjektivableitungen auf *-ös* mit drei Transformationsmöglichkeiten. Alle übrigen Affixe lassen maximal zwei Transformationen zu.

Was die einzelnen Transformationstypen betrifft, so ist die Transformation von Substantivableitungen auf *-er* in einen Nebensatz weitaus am stärksten belegt. Die Transformation in einen Nebensatz spielt auch bei Adjektivableitungen auf *-lich* und bei Substantivableitungen auf *-ist, -ler, -aner, -ling* und *-or* eine wesentliche Rolle.

Insgesamt gesehen, überwiegen Transformationen in Präpositionalverbindungen ($NG_{Präp}$ und $NG_{Präp}$ + V). Sie sind bei Adjektivableitungen auf *-ig*, bei Verbalableitungen mit *-ier[en]* und dem Nullsuffix, bei den Adjektivableitungen auf *-lich, -los, -isch, -weise*, den mit *be-* und dem Nullsuffix prä- und suffigierten Formen und den Präfigierungen mit *ver-* besonders häufig vertreten. Auch die Transformation NG + *betreffend* erscheint bei vielen Ableitungstypen; am stärksten belegt ist diese Transformation bei Adjektiven auf *-isch, -mäßig* und *-lich*.

3.4.5 Gesamtzahl der Affixe bei den Ableitungen, Präfigierungen und präfigierten und abgeleiteten Formen

Suffixe:	Anzahl
-Ø$_{S}$	40
-Ø[en], -Ø[n], -Ø[t]	107
-abel	1
-ade, -iade	2
-age	2
-al, -ical (engl.)	4
-al, -ial, -ikal, -ual$_{Adj}$	53
-ale	2
-andum	1
-aner, -ianer	6
-ant$_{S}$	6
-ant$_{Adj}$	1
-anz	3
-ar$_{S}$	4
-ar$_{Adj}$	7
-är, -aire (m.)	1
-är (n.)	1
-är, -itär$_{Adj}$	8
-are	1
-arium	1
-artig	8
-at (n.)	2
-bar	30
-bold	1
-chen	12
-de	1
-e (f.)	17
-e (m.)	5
-e (n.)	4
-ei, -elei, -erei	13
-el$_{S}$	2
-el[en], -l[en], -l[n]	2
-ell, -iell, -uell	16
-en, -n$_{Adj}$	2
-ent$_{S}$	5
-ent$_{Adj}$	2
-enz$_{S}$	5
-er	165
-er (engl.)	2

-er[n]$_V$	9
-ern$_S$ (engl.)	2
-ern$_{Adj}$	3
-ette	2
-eur, -ateur	3
-euse	2
-fach	1
-fizier[en]	4
-förmig	2
-gen	1
-haft	16
-heit	16
-i	1
-ia	2
-iano	1
-ie, -erie	3
-iër	1
-ier[en], -isier[en], -izier[en]	132
-ig	79
-ig[en]	2
-ik (f.)	19
-ik,-ic (n.)	3
-ik (russ.)	1
-iker	1
-ikum	1
-il	1
-in, -erin	27
-ina	1
-ing (engl.)	1
-ion, -ation, -ition	49
-isch, -anisch, -arisch,-atisch, -erisch, -esisch, -inisch, -nisch	125
-ismus	32
-ist	47
-ista	1
-ität	13
-iter	1
-itis	1
-iv$_S$	2
-iv, -ativ, -itiv, -tiv$_{Adj}$	26
-keit, -igkeit	17

-ler	22
-let (engl.)	1
-lich	64
-ling	9
-los	21
-mäßig	17
-ment	5
-ment (engl.)	1
-ner	3
-nik	5
-nis	3
-on (n.)	7
-or, -ator	12
-ös, -iös	5
-sam	2
-schaft	14
-schik	1
-seits	3
-t, -st	8
-t (lat.)	3
-tum	7
-ung	115
-ur	3
-wärts	3
-weise	17
-ez, -z	1

Präfixe:	**Anzahl**
a-	1
ab(s)-	2
ad-	10
ana-	1
ante-	1
anti-	18
be-	62
bi-	1
de-	8
di- (zwei)	1
dia-	2
dis-, dif-, di-	8
e-	1

en-	1
ent-	22
epi-	1
er-	14
erz-	1
ex-	16
extra-	1
ge-	18
in-, im-, il-	17
infra-	1
inter-, intel-	7
kon-, kom-, kol-, kor-, ko-	42
pan-	1
par-	1
para-	2
per-	2
peri-	1
post-	3
prä-	5
pro-	23
re(d)-	20
se-	3
sub-	2
super-	15
supra-	1
syn-	5
tra(ns)-	5
ultra-	2
un-	34
ur-	3
ver-	76
zer-	2

Suffixe insgesamt: 1 548
Präfixe insgesamt: 463

Affixe insgesamt: 2 011

3.5 P r ä - u n d S u f f i x e i m G e s a m t m a t e r i a l

Im folgenden wird die Streuung der Affixe im Gesamtmaterial dargestellt. Affixkombinationen zu untersuchen erwies sich nur bei den Ableitungen, den Präfigierungen und den präfigierten und abgeleiteten Formen als sinnvoll (vgl. 3.4). Die innerhalb eines Kompositums oder einer Wortgruppe auftretenden Affixe gehören stets zu einer Ableitung, Präfigierung oder präfigierten und abgeleiteten Form, die Bestandteil des Kompositums oder der Wortgruppe ist. Sobald ein Kompositum oder eine Wortgruppe mehr als eine Ableitung, Präfigierung oder präfigierte und abgeleitete Form enthält, muß eine lineare Verzeichnung der Affixe - wie sie im Rahmen dieser Untersuchung nur vorgenommen werden konnte - ein falsches Bild ergeben.

Das verbale Nullsuffix ist bei den Komposita und Wortgruppen nur gezählt worden, wenn es sich um Neubildungen handelte; daraus resultiert die geringe Belegzahl bei diesen Strukturtypen.

Für die Präfixe stand im Schlüssel nur eine Spalte (keine Spaltenkombination) zur Verfügung. Das hatte zur Folge, daß die fremdsprachigen Präfixe nicht einzeln aufgeführt werden konnten. In 3.4 wurde nachträglich nach den einzelnen fremdsprachigen Präfixen differenziert.

3.5.1 Anzahl der Suffixe im Gesamtmaterial

Suffix	A,P, P/A	K	WG	insgesamt
$-\emptyset_S$	40	63	8	111
-Ø[*en*],-Ø[*n*],-Ø[*t*]	107	8	4	119
-abel,-able$_{Adj}$	1		4	5
-ade,-iade	2	2	1	5
-age	2	31	5	38
-al, -ical$_S$(engl.)	4	5	1	10

-al$_S$		42	24	66
-al, -ial, -ikal, -ual$_{Adj}$	53	252	379	684
-ale$_S$ (it.)	2	1	1	4
-aner, -ianer	6	2	1	9
-ant$_S$	6	24	9	39
-ant$_{Adj}$	1	1	13	15
-anz	3	7	9	19
-ar$_S$	4	11	14	29
-ar$_{Adj}$	7	33	71	111
-är, -aire (m.), *-är* (n.)	2	65	22	89
-är, -itär$_{Adj}$	8	7	38	53
-artig	8	2	4	14
-at (n.)	2	68	27	97
-bar	30	13	50	93
-bold	1			1
-chen	12	35	3	50
-de	1	3		4
-e (f.)	17	344	97	458
-e (m.)	5	6	1	12
-e (n.)	4	27	4	35
-ei, -elei, -erei	13	92	35	140
-el$_S$	2	70	10	82
-el[en], -el[n], -l[en], -l[n]$_V$	2	4	2	8
-ell, -iell, -uell	16	18	121	155
-en, -n$_{Adj}$	2	4	3	9
-end, -nd$_S$		1	1	2
-ent$_S$	5	74	21	100

-ent$_{Adj}$	2	8	12	22
-enz	5	46	61	112
-er	165	1101	373	1639
-er[n]$_{V}$	9	6	26	41
-ern$_{Adj}$	3	2	17	22
-ette	2	8	3	13
-eur, -ateur	3	45	3	51
-fach	1	5	8	14
-fizier[en]	4	4	3	11
-förmig	2			2
-gēn (griech.)	1			1
-haft	16	5	16	37
-heit	16	109	88	213
-i	1	2	1	4
-ia	2	1		3
-ie, -erie	3	151	93	247
-ien$_{S}$		3	2	5
-ier	1	33	3	37
-ier[en], -isier[en], -izier[en]	132	153	184	469
-ig$_{Adj}$	79	176	247	502
-ig[en]$_{V}$	2	62	62	126
-ik (f.)	19	189	121	329
-ik (m.)		6	1	7
-ik, -ic (n. oder ohne Genus)	3	15	2	20
-ik (russ.)	1			1
-iker	1	26	8	35
-ikum	1		1	2
-il$_{S}$	1	4		5
-in, -erin	27	71	13	111

-ing (engl.)	1	28	2	31
-ion, -ation, -ition	49	433	255	737
-isch, -anisch, -arisch, -atisch, -erisch, -esisch, -ianisch, -inisch, -nisch	125	154	1085	1364
-ismus	32	36	78	146
-ist	47	97	238	382
-it		8		8
-ität	13	63	50	126
-iter	1			1
-itis	1			1
-ium, -arium	1	62	34	97
-iv$_{S}$	2	9	1	12
-iv, -ativ, -itiv, -tiv$_{Adj}$	26	38	81	145
-keit, -igkeit	17	102	81	200
-lein		1	1	2
-ler	22	32	9	63
-lich	64	148	479	691
-ling	9	21	12	42
-los	21	7	33	61
-mäßig	17	2	9	28
-ner	3	11	17	31
-nis	3	60	52	115
-or, -ator	12	83	22	117
-os, -ios, -ös, -iös	5	7	9	21
-rich		1		1

$-s_{Adv}$		1		1
-sal		4	1	5
-sam	2	9	27	38
-sch			5	5
-schaft	14	269	245	528
-seits	3			3
-sel		1	1	2
-st,-t	8	235	74	317
-te		1	1	2
-tum	7	13	12	32
-ung	115	1662	830	2607
-ur,-atur	3	77	60	140
-wärts	3	5	3	11
-weise	17		5	22
sonstige Substantivsuffixe	35	122	50	207
sonstige Adjektivsuffixe		5	9	14
Suffixe insgesamt	1548	7353	6202	15103

Das Suffix *-ung* ist im Gesamtmaterial am häufigsten belegt. Es folgen die Suffixe *-er* und *-isch*. Die einzelnen Strukturtypen weisen unterschiedliche Häufigkeitsstaffelungen auf: bei A, P und P/A steht *-er* an erster Stelle, bei K *-ung*, bei WG *-isch*.

In den folgenden Listen werden für jeden Strukturtyp und für das Gesamtmaterial noch einmal die meistbelegten Suffixe aufgeführt.

A, P, P/A		K		WG		insgesamt	
-er	165	*-ung*	1662	*-isch*	1085	*-ung*	2607
-ier[en]	132	*-er*	1101	*-ung*	830	*-er*	1639
-isch	125	*-ion*	433	*-lich*	479	*-isch*	1364
-ung	115	*-e* (f.)	344	$-al_{Adj}$	379	*-ion*	737
-∅[en]	107	*-schaft*	269	*-er*	373	*-lich*	691
$-ig_{Adj}$	79	$-al_{Adj}$	252	*-ion*	255	$-al_{Adj}$	684
-lich	64	*-st,-t*	235	$-ig_{Adj}$	247	*-schaft*	528
$-al_{Adj}$	53	*-ik*(f.)	189	*-schaft*	245	$-ig_{Adj}$	502
-ion	49	$-ig_{Adj}$	176	*-ist*	238	*-ier* [en]	469
-ist	47	*-isch*	154	*-ier*[en]	184	*-e*(f.)	458
$-∅_S$	40	*-ier*[en]	153	*-ell*	121	*-ist*	382
-weise	35	*-ie*	151	*-ik*(f.)	121	*-ik*(f.)	329
-ismus	32	*-lich*	148	*-e*(f.)	97	*-st, -t*	317
-bar	30	*-heit*	109	*-ie*	93	*-ie*	247
-in	27	*-keit*	102	*-heit*	88	*-heit*	213
$-iv_{Adj}$	26	*-ist*	97	$-iv_{Adj}$	81	*-keit*	200
-ler	22	*-ei*	92	*-keit*	81	*-ell*	155
-los	21	*-or*	83	*-ismus*	78	*-ismus*	146
-ik (f.)	19	*-ur*	77	*-st,-t*	74	$-iv_{Adj}$	145
-e (f.)	17	$-ent_S$	74	$-ar_{Adj}$	71	*-ei*	140
-keit	17	*-in*	71	*-ig*[en]	62	*-ur*	140
-mäßig	17	$-el_S$	70	$-enz_S$	61	*-ig* $[en]_V$	126
-ell	16	*-at*(n.)	68	*-ur*	60	*-ität*	126
-haft	16	*-är* (m.),(n.)	65	*-nis*	52	-∅[en]	119
-heit	16	$-∅_S$	63	*-bar*	50	*-or*	117
-schaft	14	*-ität*	63	*-ität*	50	*-nis*	115
-ei	13	*-ig* $[en]_V$	62	$-är_{Adj}$	38	$-enz_S$	112

-ität	13	*-ium*	62	*-ei*	35	$-\emptyset_S$	111
-chen	12	*-nis*	60	*-ium*	34	$-ar_{Adj}$	111
-or	12	$-enz_S$	46	*-los*	33	*-in*	111

3.5.2 Anzahl der Präfixe im Gesamtmaterial

Präfixe	A, P, P/A	K	WG	insgesamt
be-	62	522	305	889
en-, emp-, ant-	22	145	89	256
er-	14	192	108	314
erz-	1	1		2
ge-	18	427	270	715
miß-		5	6	11
un-	34	52	70	156
ur-	3	23	12	38
ver-	76	658	342	1076
zer-	2	5	7	14
fremdsprachige Präfixe	231	690	354	1275

Das Präfix *ver-* ist bei allen Strukturtypen am häufigsten belegt, es folgt - ebenfalls bei allen Strukturtypen - das Präfix *be-*. Die übrigen Präfixe zeigen bei K und WG die gleiche Häufigkeitsstaffelung, bei A, P und P/A treten geringfügige Abweichungen auf.

In den folgenden Listen werden die Präfixe für jeden Strukturtyp und für das Gesamtmaterial noch einmal nach der Häufigkeit geordnet aufgeführt; die Gesamtzahl deutscher Präfixe wird der Gesamtzahl fremdsprachiger Präfixe gegenübergestellt.

A, P, P/A		K		WG		insgesamt	
ver-	76	*ver-*	658	*ver-*	342	*ver-*	1076
be-	62	*be-*	522	*be-*	305	*be-*	889
un-	34	*ge-*	427	*ge-*	270	*ge-*	715
ent-, emp-, ant-	22	*er-*	192	*er-*	108	*er-*	314
ge-	18	*ent-, emp-, ant-*	145	*ent-, emp-, ant-*	89	*ent-, emp-, ant-*	256
er-	14	*un-*	52	*un-*	70	*un-*	156
ur-	3	*ur-*	23	*ur-*	12	*ur-*	38
zer-	2	*zer-*	5	*zer-*	7	*zer-*	14
erz-	1	*miß-*	5	*miß-*	6	*miß-*	11
miß-		*erz-*	1	*erz-*		*erz-*	2

	A, P, P/A	K	WG	insgesamt
fremdsprachige Präfixe	231	690	354	1275
deutsche Präfixe	232	2030	1209	3471
Präfixe insgesamt	463	2720	1563	4746

Suffixe insgesamt: 15 103
Präfixe insgesamt: 4 746

Affixe insgesamt: 19 849

3.6 W o r t g r u p p e n

Zur Auswahl des Materials vgl. 1.

3.6.1 Klassifizierung der Wortgruppen nach ihrer Wortartzuordnung und Konstituentenstruktur

Wie in 3.2.2 bereits erläutert, ist eine Klassifizierung der Wortgruppen nach Wortarten insofern möglich, als die Wortart des Kerns für die ganze Konstruktion bestimmend ist. (Für die wenigen aus idiomatischen Gründen aufgenommenen ganzen Sätze gilt das selbstverständlich nicht.) Einen Sonderfall stellen Wortgruppen dar, die als Ganzes Eigennamen sind. Der Kern braucht in diesem Fall selbst kein Eigenname zu sein, er braucht nicht einmal ein Substantiv zu sein (vgl. die Beispiele). Die Eigennamen werden getrennt gebucht. Wortgruppen, deren Kern eine Abkürzung ist, werden dagegen nicht besonders hervorgehoben. Attributiv gebrauchte Partizipien werden wie Adjektive behandelt. Folgende Typen sind im vorliegenden Material belegt:

Substantivgruppen
Eigennamen
Adjektivgruppen
Verbalgruppen
Adverbialgruppen
Zahlwortgruppen
Sätze

Häufigkeit dieser Typen:

Substantivgruppen:	79	Prozent
Eigennamen:	6	"
Adjektivgruppen:	2	"
Verbalgruppen:	12	"

Adverbialgruppen, Zahlwortgruppen und Sätze sind mit weniger als einem Prozent vertreten.

Bei der Klassifizierung der Wortgruppen nach syntaktischen Merkmalen konnte nur die syntaktische Struktur innerhalb der Wortgruppe, nicht der syntaktische Kontext der Wortgruppe berücksichtigt werden. *Krise um Berlin* wurde als Nominalkern + präpositional angeschlossener Nominalgruppe (NK + $NG_{Präp}$) gebucht, ohne Rücksicht darauf, ob diese Wortgruppe eventuell selbst ein Objekt, eine präpositionale Gruppe oder ähnliches darstellt.

NK, NG, NG_g, $NG_{Präp}$ usw. repräsentieren in den folgenden Listen sowohl Wörter wie Wortgruppen. Nur das syntaktische Verhältnis zwischen Kern und abhängigem Glied ist gekennzeichnet, die Konstituentenstruktur der einzelnen Glieder wird nicht analysiert: *Zugang zum allgemeinen Luftraum* = NK + $NG_{Präp}$, *kalter Krieg des Gewissens* = NK + NG_g, *Beschränkung der Zahl der Fremdarbeiter* = NK + NG_g.

Unter den Wortgruppen des Typs NG + NK (im gleichen Kasus) befinden sich Belege, die ihrer Struktur und ihrer syntaktischen Verwendung nach zu den Komposita gerechnet werden könnten, obwohl sie graphisch nicht als Komposita gekennzeichnet sind: *Thermo-Fax Produkt, 50 PS Dieselmotor, Suhrkamp Texte* usw. Um eine einheitliche Exzerption zu gewährleisten, war es nötig, ein unter allen Umständen distinktives Merkmal für diesen Sachverhalt zu finden. Dazu schien einzig die graphische Wiedergabe des Belegs geeignet.

Beispiele:

Substantivgruppen

NK + NK

814	34	*Bonn und die Bosse*
254	04	*Bund und Länder*
143	15	*Köln - Dortmund* ("Köln - Dortmund in Zahlen"; Überschrift eines Sportberichts)
923	02	*Ost und West*

NK + NG/NG + NK (im gleichen Kasus)

Dazu gehören:

(1) appositionelle Gruppen (*Großmacht Amerika, Lex Soraya*),

(2) die oben erwähnten komposita-ähnlichen Konstruktionen,

(3) Wortgruppen, die weder den appositionellen, noch den komposita-ähnlichen Konstruktionen eindeutig zugeordnet werden können.

Während bei der 2. Gruppe die Position von NK festliegt (NK immer an zweiter Stelle), muß für die Gruppen 1 und 3 die Bestimmung der Position offen bleiben. Das gilt auch für die entsprechenden Belege in der Gruppe der Eigennamen.

(1)

744	09	*Ära Gründgens*
929	03	*Fall Felfe*
815	71	*Großmacht Amerika*
873	43	*Haar-Tabac "Oil"*
26	01	*Lex Soraya*
530	05	*Nation Europa*
04	03	*Vorfeld Europa*

(2)

941	81	*Playtex BH*
254	21	*50 PS Dieselmotor*
043	11	*Panel Discussion*
145	12	*DC 8 Motor*
815	09	*Thermo-Fax Produkt*

(3)

925	30	*Agfa Colorflex*
914	27	*Bellinda Grand Chic*
826	07	*Braun Sixtant*
925	30	*Edixa Mat Reflex*
914	69	*Ohio Luxus Longline*
923	13	*Philips Tizian*

NK + $NG_{Präp}$

016	06	*Druck auf die Preise*
778	01	*Mörder aus Angst*
744	06	*Job für Studenten*
254	14	*Kirche im Koffer*
26	08	*junger Mann im Weißen Haus*
815	26	*Bürger in Uniform*
925	55	*Lippenstift mit Geschmack*
778	01	*Mörder ohne Gewissen*

778	11	*Radfernfahrt über 250 Kilometer*
873	18	*Krise um Berlin*
826	06	*Ferien vom Herd*
373	02	*Serie von Tests*
929	01	*Bündel von Angeboten*
04	01	*Ausbreitung von Atomwaffen*
373	14	*Zugang zum allgemeinen Luftraum*
530	04	*Pietät à la Bonn*
892	04	*american way of life*

NK + NG_g / NG_g + NK

100	00	*Abschaffung der Trägerwaffen*
143	01	*Ausdehnung der Todeszone*
016	25	*Auswirkung des 13. August*
145	19	*Beschränkung der Zahl der Fremdarbeiter*
929	28	*Blick eines Tiefenpsychologen*
386	04	*Bremse der Familienplanung*
143	16	*kalter Krieg des Gewissens*
923	01	*beide Teile Deutschlands*
929	16	*Vision hoher Preise*
873	50	*Zone Ulbrichts*
929	03	*Kennedys Weltvorstellung*

NK + *als* + NG

914	47	*Badedas als Kundendienst*
261	70	*Bildung als Weltflucht*

Adj + NK / NK + Adj

891	03	*westliches Abwehrsystem*
923	01	*partielles Atomtestverbot*
261	43	*elektronischer Baustein*
145	18	*automatische Datumsangabe*
145	05	*direkter Draht*
929	01	*atomarer Druckknopf*
923	04	*westlicher Einfluß*
26	08	*atlantische Einheit*
26	23	*heißes Gesetzeseisen*
873	53	*rassischer Größenwahn*
815	64	*rote Hochburg*
885	03	*roter Kubaner*

016	28	*serielle Methode*
043	01	*papierener Protest*
373	01	*strategische Raketenwaffe*
885	16	*bemannter Raumflug*
26	18	*soziales Risiko*
04	03	*atomarer Schlagabtausch*
043	20	*ferngesehener Stoff*
891	02	*ionisierende Strahlen*
605	03	*tarifloser Zustand*
261	67	*big science*
261	71	*Brave New World*
430	08	*dolce vita*
914	27	*Bellinda superb*
826	14	*Wilkinson eisgehärtet*
373	12	*Bossa nova*

Präp + NK_g

16	02	*außerhalb des Bereichs der Möglichkeiten*
254	02	*diesseits der Mauer*
254	02	*jenseits der Mauer*

Präp + NK_d / NK_d + Präp

605	13	*ab Musterlager*
892	02	*am Draht*
254	21	*aus US-Beständen*
923	22	*außer dem Hause*
254	07	*im Spiegel der Weltpresse*
04	24	*in der Kohlenzange*
530	02	*in Judensachen*
16	16	*mit Teerstraßenanschluß*
528	02	*nach Nazimuster*
990	27	*seit Errichtung der Mauer*
16	07	*unter Flutlicht*
815	26	*zu großdeutschen Zeiten*
826	75	*zu Stärkungszwecken*
373	13	*in Tat und Wahrheit*
892	01	*im Oktober/November*
100	00	*von Ost und West*
26	11	*zwischen Ost und West*
16	02	*der Sache nach*

Präp + NK_a

892 01	*durch Fallschirmabsprung*
373 05	*durch Gesundheitsgründe*
373 30	*für Ferienzwecke*
016 06	*ohne Vorbild*
145 13	*über Vorschlag*
254 07	*über die Mauer*

Präp + NK (Präp ohne erkennbare Rektion)

929 05	*via Ost*

NK + Z

815 64	*Gartenschau-Sondermarke 1957*
143 16	*Iljuschin 18*
925 30	*Kodak Retina Reflex 3*

Eigennamen

NK + NG / NG + NK (im gleichen Kasus)

(Vgl. die Erläuterungen zu der Gruppe NK + NG/ NG + NK)

143 15	*Blauweiß Berlin*
373 01	*Bundesrepublik Deutschland*
529 04	*Concordia Wilhelmsruh*
04 09	*Edition Suhrkamp*
529 04	*Einheit Mitte*
254 02	*IG Bau, Steine, Erden*
143 05	*Kuratorium Unteilbares Deutschland*
529 04	*Medizin Lichtenberg*
529 04	*Motor Weida*
254 15	*Rheinmetall AG*
529 04	*SG Adlershof*
430 06	*VEB Getriebewerk Gotha*
04 09	*Suhrkamp Texte*
143 14	*Fußball-Regionalliga Nord*
254 28	*Preußen Münster*

$NK + NG_{Präp}$

26	32	*"Arbeit am Ich"* (Titel einer Monatsschrift)
814	37	*Institut für Automation*
254	10	*Kongreß für Schönheitspflege und Kosmetik*
815	31	*Kampfgruppe gegen Unmenschlichkeit*
891	04	*"Zeit im Bild"*
430	18	*Theater im 3. Stock*

$NK + NG_g$

528	06	*Büro guter Dienste*
885	02	*"Magazin der Frau"*
923	29	*Ständige Konferenz der Kultusminister*
778	12	*Untersuchungsausschuß freiheitlicher Juristen*
815	66	*Verband deutscher Hochseefischer*
529	03	*Tour d'Egypt*

Adj + NK / NK + Adj

530	01	*Alliierter Kontrollrat*
528	01	*"Andere Zeitung"*
430	17	*Deutsche Demokratische Republik*
373	07	*Europäischer Gerichtshof*
254	07	*Gemeinsamer Markt*
254	28	*"Gläserne Rundschau"*
530	02	*Grüne Woche*
143	14	*Heider SV*
923	07	*Internationaler Frühschoppen*
254	12	*"Klingender Wecker"*
143	05	*Nationale Front*
043	04	*"Neues Deutschland"*
430	04	*Vereinte Nationen*
923	13	*Warschauer Pakt*
254	04	*Zweites Deutsches Fernsehen*
923	10	*European Boxing Union*
254	28	*Westham United*
386	02	*Democrazia Cristiana*

NK + Adv

261	73	*"Das Wetter morgen"*

NK + Z

885	02	*Bauma 62*

891 05 *Bundesstraße 34*
815 31 *Gruppe 47*
815 64 *IGA 63*
530 05 *Ranger 3*

AdjAdv + VK

885 50 *"schöner wohnen"*

AdjK + AdjK + AdjK

605 05 *"Schwarz weiß tot"*

Adjektivgruppen

AdjK + AdjK

254 23 *pessimistisch dekadent*
26 34 *verbrecherisch imperialistisch*
261 70 *zart und energisch*

NG + AdjK

914 02 *8 x 4 erfrischt*
254 24 *TÜV geprüft*
914 70 *Ideal gestärkt*
891 05 *Anker versichert*

$NG_{Präp}$ + AdjK / AdjK + $NG_{Präp}$

930 28 *auf Neu gequält*
814 33 *bis zum Terror rationalisiert*
254 09 *für Jugendliche zubereitet*
254 05 *im Schnitt fest*
145 03 *in Blech gestanzt*
143 15 *in Trainingspose erstarrt*
873 37 *in Lizenz fabriziert*
261 23 *über Sprünge debütierend*
145 07 *über Heck aufgezogen*
885 16 *vom Wohlstandsdenken infiziert*
530 01 *von Naziverbrechern durchsetzt*
873 49 *zart für die Haut*
826 14 *scharf für zehn Rasuren*

873 69 *neutral im Atem*
826 49 *nikotinarm im Rauch*
261 70 *blank vor Intelligenz*

AdjAdv + AdjK

892 06 *zentriert angelegt*
925 50 *kurzfristig ausgebildet*
923 25 *geschmacklich begehrenswert*
373 14 *negativ eingestellt*
929 28 *pelzartig flauschig*
923 01 *militärisch fixiert*
605 04 *lustlos gebaut*
043 03 *organisch gekühlt*
814 30 *elektronisch gesteuert*
815 32 *kommunistisch infiltriert*
04 01 *düster-ahnungsvoll kommentiert*
043 03 *staatlich kontrolliert*
873 14 *zweifelsfrei nachgewiesen*
923 22 *gut nährend*
885 22 *vertraglich nichtgebunden*
373 30 *neu renoviert*
04 09 *fließend spektral*
529 02 *maximal günstigst*

Adv + AdjK

26 10 *allzu hanebüchen*
04 16 *rundherum überzeugend*
885 27 *viel weiterreichend*

AdjK + *wie* + NG

261 70 *altmodisch wie Veilchenduft*
145 03 *sauber wie im Genfer Autosalon*

Z + AdjK

923 22 *3/4 sauber*

Verbalgruppen

NG_n + VK

749 11 *der große Mann sein*

437 14 *Aktivist werden*

NG_d + VK

605 04 *einem Antrag folgen*
261 72 *der flutenden Unendlichkeit übergeben*
530 03 *dem Selbstlauf überlassen*
143 15 *dem Desinteresse verfallen*
26 18 *seiner Verwirklichung zuführen*

NG_a + VK

826 68 *Sterne abstauben*
528 06 *Abendschicht arbeiten*
891 05 *das Personal auffrischen*
26 01 *Emotionen aufrühren*
930 27 *einen Affenzahn draufhaben*
929 04 *die Eßbarkeit erreichen*
145 13 *seine unbewältigte Vergangenheit haben*
143 15 *ein 1 : 1 halten*
224 01 *Maß halten*
043 10 *Erfolge holen*
892 07 *Arbeitskräfte horten*
145 13 *Humor montieren*
530 03 *den dicken Otto spielen*
914 23 *viel Haut tragen*

$NG_{Präp}$ + VK/VK+$NG_{Präp}$

143 15 *am Tabellenschluß enden*
930 30 *am Auspuff kleben*
749 12 *am Drücker sein*
26 08 *auf den Barrikaden bleiben*
925 28 *auf den Dreh kommen*
906 68 *auf Touren kommen*
043 02 *auf jdn. zukommen*
530 05 *aus dem Osten fliehen*
930 27 *bis zur Halskrause volltanken*
145 13 *durch den Weltraum kurven*
528 02 *in den Westen fliehen*
826 32 *in die Rippen stechen*
930 66 *in die Bremsen steigen*

143 06 *mit Versuchen arbeiten*
814 44 *mit Daten füttern*
430 08 *über die Leinwand gehen*
605 08 *über die Leinwand reiten*
043 11 *über etw. vortragen*
925 56 *um drei Ecken denken*
826 67 *vom Alltag freikommen*
529 01 *zum Mitsingen bringen*
929 16 *backen ohne Bücken*
929 16 *kochen ohne Gerüche*

als + NG + VK

892 10 *als Ganzes hinunterwürgen*
016 03 *als Ganzes sehen*
873 25 *als Dame tätig sein*

AdjAdv + VK

04 10 *schwer atmen*
043 20 *fernsehend begleiten*
826 36 *international einführen*
430 08 *konfliktreicher gestalten*
26 01 *falsch laufen*
749 10 *hart nehmen*
749 10 *blind starten*
744 01 *hautnährend wirken*

Adj + VK

143 14 *schlimm kommen*
925 56 *dicht machen*
885 09 *sauer sein*
929 31 *gut und groß sein*
873 65 *zickig werden*

Adv + VK

925 03 *nicht mitmachen*
930 30 *hinten drauf sitzen*
254 28 *drüber stehen*

$Z + VK$

749 10 *eins sein*

$NG_a + NG_{Präp} + VK$

26 15 *sich an etwas abbilden*
16 01 *sein Schwert in die Waagschale werfen*

$NG_a + NG_g + VK$

261 06 *jdn. kalten Blicks streifen*

$NG_d + AdjAdv + VK$

373 25 *jdm. zivilrechtlich beikommen*

Adverbialgruppen

AdvK + AdvK

923 01 *hüben und drüben*
430 07 *um und um*

AdvG + AdvK

373 01 *einmal mehr*

$AdvK + NG_{Präp}$

26 07 *draußen vor der Tür*

Zahlwortgruppe

$ZK + Z_{Präp}$

143 15 *6 aus 36*

Sätze

Es handelt sich hier 1. um gekürzte, auf die Normalform gebrachte Sätze und 2. um wörtlich zitierte Slogans oder Wortspiele.

(1)

043	04	*Kennedy augenzwinkerte zurück*
043	01	*die Tür wird zugeschlagen*
885	09	*Kristall wurde zerschlagen*
826	39	*die Luft ist raus*
529	04	*das Spiel scheint gelaufen*
826	16	*die Regierungsform bricht an*
373	23	*der Sieg geht an jdn.*
892	10	*es will nicht richtig laufen*
26	03	*die Fragen können kühner gestellt werden*
430	02	*es geht um das Prinzip*
529	01	*Sozialismus wird aufgebaut*

(2)

261	25	*Rettet die Flüsse!*
430	03	*Selbst ist das Dorf!*
527	07	*Der Friede ist bewaffnet*
530	01	*Algerien den Franzosen!*
778	04	*Man trägt Trevira*
885	07	*Kent eine gute Erkenntnis*
530	02	*Ostniveau bestimmt Weltniveau*
815	26	*Keine Experimente!*
605	03	*Überleben Sie mal!*
885	02	*Den letzten beißen die Menschen*
826	06	*Hochhuth und Stolz wachsen auf einem Holz*
885	09	*Weh dem, der lacht!*
437	14	*Mein Sozialismus hat vier Reifen*
605	05	*Bleibe im Lande und wehre dich redlich!*

3.6.2 Klassifizierung der Wortgruppen nach Transformationstypen[49]

Bei den Wortgruppen konnten 25 verschiedene Transformationstypen festgestellt werden:

00, 01, 02, 03, 04, 05, 06, 07, 08, 09, 11, 12,

13, 18, 19, 20, 21, 23, 26, 30, 35, 40, 48, 51, 53.

Häufigkeit dieser Typen:

00: 71 Prozent
06: 10 "
05: 6 "
01: 3 "
07: 3 "
03: 2 "
13: 1 "
02: 1 "

Alle übrigen Typen sind mit weniger als einem Prozent belegt. Die meisten Wortgruppen sind nicht transformierbar. Von den transformierbaren ist der Typ NG + $NG_{Präp}$ (06) am stärksten belegt, es folgen Genitivkonstruktionen, NG + NG_g (05), Transformationen in Komposita (01), in Nebensatzkonstruktionen, NG + NS (07), und in Konstruktionen mit *betreffend*, NG + NG + *betreffend* (03). Alle übrigen Typen sind nur sehr gering belegt.

Beispiele:

00 n.tr.

373 05 *erster Sekretär*
143 15 *über Vorschlag*
100 00 *von Ost und West*
145 13 *Humor montieren*
145 13 *durch den Weltraum kurven*
873 56 *tiefer fassen*
373 14 *negativ eingestellt*
254 28 *Weltrekorde wackeln*

Nicht transformierbar sind auch die meisten Wortspiele.

01 Kompositum

527 03 *Armee des Volkes* → Volksarmee
831 41 *Freunde des Friedens* → Friedensfreunde

744 06 *Job für Studenten* → Studentenjob
16 01 *Krise um Berlin* → Berlinkrise
373 02 *Serie von Tests* → Testserie
04 04 *strittige Frage* → Streitfrage
529 01 *totale Abrüstung* → Totalabrüstung
373 26 *Batist minicare* → Minicare-Batist
254 05 *im Schnitt fest* → schnittfest

02 Adj + S

815 71 *Amerikas Staatschef* → amerikanischer Staatschef
778 01 *Mörder ohne Gewissen* → gewissenloser Mörder
143 09 *Filmband in Gold* → goldenes Filmband

03 NG + NG + *betreffend*

885 02 *Poet der Farbe* → Poet, die Farbe betreffend
826 39 *körperliche Sicherheit* → Sicherheit, den Körper betreffend
885 60 *lasche Kleidungssitten* → lasche Sitten, die Kleidung betreffend
906 48 *sprachliche Spaltung Deutschlands* → Spaltung Deutschlands, die Sprache betreffend

04 App + S

885 13 *amerikanischer Gigant* → Gigant Amerika
26 25 *südamerikanischer Subkontinent* → Subkontinent Südamerika

05 NG + NG_g

143 02 *westliche Agression* → Agression des Westens
906 64 *technischer Bereich* → Bereich der Technik
143 03 *zonales Fernsehen* → Fernsehen der Zone
373 01 *deutsche Wiedervereinigung* → Wiedervereinigung Deutschlands
605 13 *aus erzieherischen Gründen* → aus Gründen der Erziehung
373 07 *von christlich-sozialer Seite* → von der Seite der christlich-sozialen (Partei)

06 NG + $NG_{Präp}$

04 19 *Make-up Spiegel* → Spiegel für das Make-up
528 07 *antikubanische Machenschaften* → Machenschaften gegen Kuba
529 01 *westdeutscher Berufskollege* → Berufskollege in (aus) Westdeutschland
49 01 *öffentlicher Dialog* → Dialog in der Öffentlichkeit
143 06 *Hamburger Schulversuch* → Schulversuch in Hamburg
813 45 *Ostberliner Akademie der Wissenschaften* → Akademie der Wissenschaften in Ostberlin
923 22 *risikoloser Kauf* → Kauf ohne Risiko
923 13 *Philips Fernsehen* → Fernsehen von Philips
892 04 *nächtliches Fahrverbot* → Fahrverbot während der Nacht

07 NG + NS

528 01 *staatstreuer Funktionär* → Funktionär, der dem Staat treu ist
744 03 *rasierte Haut* → Haut, die rasiert (worden) ist
925 14 *entwöhnungsbereiter Raucher* → Raucher, der zur Entwöhnung bereit ist
254 09 *jugendgefährdende Schrift* → Schrift, die die Jugend gefährdet
261 06 *armeegeschütztes Chaos* → Chaos, das von der Armee geschützt wird
16 16 *an unverbaubarer Hanglage* → an (einer) Hanglage, die nicht verbaut werden kann
100 00 *spaltbares Material* → Material, das gespaltet werden kann

08 NG + Inf

885 22 *Manövriermöglichkeit zwischen Ost und West* → Möglichkeit, zwischen Ost und West zu manövrieren

09 NG + *und* + NG

527 12 *Sozialismus Kommunismus* → Sozialismus und Kommunisums

09 NG + *als* + NG

254 28 *sportliche Betätigung* → Betätigung als Sportler
254 28 *boxerisches Vorbild* → Vorbild als Boxer

11 Adj + S / NG + $NG_{Präp}$

923 22 *Stativwand Kristall* → kristallene Stativwand/ Stativwand aus Kristall

12 NG + Präp + NG + *und* + NG, NG + $NG_{Präp}$ + $NG_{Präp}$

143 01 *deutsch-amerikanisches Bündnis* → Bündnis zwischen Deutschland und Amerika
530 04 *deutsch-sowjetische Freundschaft* → Freundschaft zwischen Deutschland und der Sowjetunion
226 27 *Beziehung Israel - Bundesrepublik* → Beziehung zwischen Israel und der Bundesrepublik
891 01 *Spannung Tirana - Belgrad* → Spannung zwischen Tirana und Belgrad
891 05 *Autobahn Frankfurt - Mannheim* → Autobahn zwischen Frankfurt und Mannheim (oder: Autobahn von Frankfurt nach Mannheim)
826 34 *Flugroute Schönefeld - Wien* → Flugroute zwischen Schönefeld und Wien (oder: Flugroute von Schönefeld nach Wien)

13 NG + NG_g / NG + $NG_{Präp}$

04 01 *kontinentale Sechsergemeinschaft* → Sechsergemeinschaft des Kontinents / Sechsergemeinschaft auf dem Kontinent
254 01 *parlamentarische Kontrolle* → Kontrolle des Parlaments / Kontrolle durch das Parlament
906 65 *betriebliche Entwicklung* → Entwicklung des Betriebs/ Entwicklung im Betrieb

254 01 *deutsche Nachkriegsentwicklung* → Nachkriegsentwicklung Deutschlands/Nachkriegsentwicklung in Deutschland

26 18 *wirtschaftspolitische Möglichkeit* → Möglichkeit der Wirtschaftspolitik / Möglichkeit in der Wirtschaftspolitik

18 NG + $NG_{Präp}$ / NG + NS

530 01 *profitables Geschäft* → Geschäft mit Profit / Geschäft, das Profit bringt

914 74 *auswechselbare Haftfolie* → Haftfolie zum Auswechseln/ Haftfolie, die ausgewechselt werden kann

19 NG + *wie* + Präp + NG

923 41 *kierkegaardsche Wiederholung* → Wiederholung wie bei Kierkegaard

261 23 *hotelmäßiger Service* → Service wie im Hotel

430 18 *reportagehaftes Geschehen* → Geschehen wie in einer Reportage

26 11 *anekdotische Gegenständlichkeit* → Gegenständlichkeit wie in einer Anekdote

20 V

914 63 *ruhigen Brand haben* → ruhig brennen

873 51 *zur Durchführung bringen* → durchführen

605 04 *zu Tode bringen* → töten

528 02 *die Forderung erheben* → fordern

530 02 *in Wegfall kommen* → wegfallen

21 $NG_{(Präp)}$ + V

437 02 *agitatorisch unterstützen* → mit (durch) Agitation unterstützen

873 53 *maschinell studieren* → mit (Hilfe von) Maschinen studieren

527 02 *lawinenhaft wachsen* → wie eine Lawine wachsen
043 20 *sturmvogelhaft zustoßen* → wie ein Sturmvogel zustoßen

23 NS

527 10 *geistiger Ostlandreiter* → der geistig (im Geiste) gegen Ostland reitet
529 04 *souveräner Tabellenführer* → der souverän die Tabelle (an)führt
923 40 *flinker Verfertiger* → der (etw.) flink verfertigt
530 04 *millionenfacher Judenmörder* → der millionenfach Juden gemordet hat
826 40 *fahrtechnisch Mögliches* → das (was) fahrtechnisch möglich ist

26 Reihenfolge der Glieder vertauschbar

914 78 *Humana Anfangsnahrung* → Anfangsnahrung Humana
826 34 *Ulbrichts Aviatiker* → Aviatiker Ulbrichts

30 Adj

254 01 *mit Vorrang* → vorrangig
016 06 *ohne Vorbild* → vorbildlos
778 10 *vor der Zeit* → vorzeitig

35 Adj + *wie* + NG

929 28 *pelzartig flauschig* → flauschig wie (ein) Pelz

40 $NG_{Präp}$ + Adj

261 05 *marxistisch nicht geschult* → im Marxismus nicht geschult
925 50 *kurzfristig ausgebildet* → in kurzer Frist ausgebildet
914 70 *Ideal gestärkt* → mit Ideal gestärkt (*Ideal* = Wäschestärke)

914 02 *8x4 erfrischt* → mit 8x4 erfrischt (oder: von 8x4 erfrischt; *8x4* = Kosmetikartikel)
143 16 *vertraglich unerlaubt* → nach dem Vertrag unerlaubt
923 27 *tauschlos frei* → ohne Tausch frei
043 03 *staatlich kontrolliert* → vom Staat kontrolliert
254 24 *TÜV geprüft* → vom TÜV geprüft

51 Präp

100 00 *unter Einschluß* → einschließlich

53 Adj + NG + *betreffend*

923 13 *technisch ausgereift* → ausgereift, die Technik (technische Seite) betreffend
26 23 *politisch hochbrisant* → hochbrisant, die Politik betreffend

4 SCHLUSSBEMERKUNG

Bei Wortschatzerweiterungen im heutigen Deutsch lassen sich verschiedene, zum Teil gegensätzliche Tendenzen beobachten. Beherrschend ist die Tendenz zur Kürzung und Verknappung. Sie zeigt verschiedene Ausprägungen: die Komprimierung größerer syntaktischer Gebilde zu Komposita oder weniger ausführlichen syntaktischen Konstruktionen, die Verkürzung eines Ausdrucks um Anfangs-, Mittel- oder Endglied, wobei den sogenannten Klammerbildungen besondere Bedeutung zukommt, und die verschiedenen Typen von Abkürzungen, unter denen die Initialabkürzung nach wie vor die größte Rolle spielt. Dieser Tendenz zur Kürzung steht die viel schwächer ausgebildete Tendenz zur Erweiterung gegenüber. Auch sie zeigt verschiedene Ausprägungen von den einfachen, noch motivierten Präzisierungen bis zu rein tautologischen Formen. Vorwiegend im Bereich der politischen Polemik ist die Tendenz zur affektbetonten pejorativen oder ironisierenden Umschreibung festzustellen; Wortspiele und Verballhornungen treten daneben auch in der Sprache der Werbung auf. Fremdsprachiger Einfluß macht sich auf verschiedenen Ebenen bemerkbar, auf der Ebene der Lehnübersetzung, der Lehnübertragung, der Neuentlehnung und der Mischbildung. In all diesen Gruppen überwiegt eindeutig englischsprachiger Einfluß; deutlich, aber sehr viel geringer belegt, zeigt sich der Einfluß des Russischen. Material aus anderen Sprachen fällt daneben kaum ins Gewicht. Eine wesentliche Rolle bei der Bezeichnung neuer Waren spielt die künstliche Wortschöpfung. Diesem Komplex verschiedenartiger Neubildungen schließt sich ein weniger umfangreicher Komplex neu v e r w e n d e t e r Wörter und Wortgruppen an. Abweichungen in der grammatischen Verwendung konnten vor allem bei der Rektion der Verben festgestellt werden. Die Flexion der Substantive scheint dagegen relativ konstant, nur im Bereich des Numerus konnten Verschiebungen ermittelt werden. Die Adjektive zeigen in der Komparation leichte Schwankungen. Unterschiede zwischen ost- und westdeutschem Sprachgebrauch machen sich auf verschiedenen Gebieten bemerkbar, am augenfälligsten da, wo direkter fremdsprachiger Einfluß zu verzeichnen ist. Starke Abweichungen bei der Benennung neuer Gegenstände ergeben sich daraus, daß diese Gegenstände für die beiden Teile Deutschlands nicht oder nicht voll identisch sind, oder daraus, daß sie unter verschiedenen Aspekten gesehen werden. Ähnlich verhält es sich bei der Neubenennung vorhandener Gegenstände. Auf dem Gebiet der Bedeutungsentwicklung waren zur Zeit der Zusammenstellung dieses Materials gravierende Unterschiede festzustellen, die inzwischen durch Angleichungsprozesse wieder aufgehoben sind. Ein großer Komplex fachsprachlichen Wortguts ist in die Allgemeinsprache eingedrungen, insbesondere Termini der Kybernetik und Datenverarbeitung, der Kernforschung und Raumfahrttechnik.

Formal gesehen, findet eine Erweiterung des Wortbestandes vor allem durch Komposition statt. Ableitung und Präfigierung treten demgegenüber weit zurück. Neue Simplizia konnten - abgesehen von künstlichen Wortschöpfungen - nicht nachgewiesen werden. Die Komposition bietet ebenso wie die Ableitung und Präfigierung in Bezug auf die Anzahl, den formalen Bau, die Wortartzugehörigkeit und das inhaltliche Verhältnis ihrer Bestandteile eine Fülle von Konstruktionstypen. Trotz dieser Vielfalt ist ein Überwiegen einfacherer Formen gegenüber umfangreicheren oder komplizierteren festzustellen: zweigliedrige Komposita sind weitaus stärker belegt als drei- und mehrgliedrige, affixlose Glieder überwiegen gegenüber prä- oder suffigierten Formen. Was die Wortartzugehörigkeit betrifft, so ist auf allen Gebieten, bei der Untersuchung vollständiger Wörter oder Wortgruppen ebenso wie bei der Analyse ihrer einzelnen Bestandteile, ein eindeutiges Überwiegen der Substantive oder substantivischer Zuordnungen zu konstatieren. Der Anteil der Adjektive und Verben schwankt, er tritt insgesamt hinter dem der Substantive zurück. Die Analyse des Materials nach seiner Transformierbarkeit ergab übereinstimmend für alle transformierbaren Strukturtypen ein Dominieren zugrundeliegender präpositionaler Konstruktionen. Bei den Komposita und Wortgruppen spielen daneben Genitivkonstruktionen, bei den Ableitungen und Präfigierungen Nebensätze eine entscheidende Rolle. Die Untersuchung der Wortbildungsmittel zeigte, daß in einem Material von 20 000 Belegen eine fast ebenso hohe Anzahl Affixe auftritt, wobei Suffixe zu Präfixen in einem Häufigkeitsverhältnis von 3 zu 1 stehen. Am produktivsten sind die Substantivsuffixe *-ung* und *-er*, das Adjektivsuffix *-isch* und die Präfixe *ver-* und *be-*.

ANMERKUNGEN

1 Weisgerber, Der Dienst an der Muttersprache, S. 1.

2 Vgl. Vater, Das System der Artikelformen im gegenwärtigen Deutsch.

3 Innerhalb der Beispielsammlungen und im Text werden runde Klammern auch für erklärende Zusätze verwendet.

4 Wohl nicht als Lehnübertragung von *Kolchosnik* (wofür es schon *Kolschosbauer* gibt) aufzufassen, sondern als direkte Ableitung von (*Landwirtschaftliche Produktions*)*Genossenschaft*.

5 Vgl. Henzen, Wortbildung, S. 261f: "stellt wohl nur der kleinere Teil dieser 'elliptischen' oder 'Schrumpfnamen' tatsächliche Kürzungen dar... während in zunehmendem Maße neue Fälle direkt elliptisch entstehen".

6 Bei *Atom* spricht allerdings ein vereinzelter Beleg für eine Bedeutungsveränderung auch in selbständiger Position des Wortes: "ein auf Atom gerüstetes Heer" (vgl 2.1.3.5).

7 Weitere Komposita mit dem Bestimmungswort *Raum* siehe 2.1.3.5. Dort handelt es sich um Kurzformen, die nicht gleichzeitig Klammerbildungen sind.

8 Vgl.(Duden), Grammatik, S. 415 f, wo die Termini auch Klammerbildungen umfassen, und Henzen, Wortbildung, S. 262 ff, der die Ausdrücke "Kopf-" bzw. "Schwanzformen" benutzt.

9 Weitere Komposita mit dem Bestimmungswort *Raum* siehe 2.1.3.4, wo außer dem Anfangsglied auch noch ein Mittelglied weggefallen ist.

10 Vgl. Henzen, Wortbildung, S. 264 f.

11 Vgl. Karlheinz Daniels, Substantivierungstendenzen in der deutschen Gegenwartsspra-

che. Ferner: Peter von Polenz, Funktionsverben im heutigen Deutsch.

12 *Festival* und *Kombine* sind ursprünglich englische Wörter, die über das Russische ins Deutsche gelangt sind.

13 Ungeklärt, ob Neuentlehnung aus dem amerikanischen Englisch oder ältere Entlehnung aus dem Französischen.

14 Vgl. Moser, Sprachliche Folgen, S. 10.

15 Vgl. Carstensen, Amerikanismen der deutschen Gegenwartssprache, S. 25.

16 Vgl. (Duden), Etymologie.

17 Vgl. Moser, Sprachliche Folgen, S. 11 f.

18 Das Fremdwörterbuch des Bibliographischen Instituts Leipzig verzeichnet für *Double-Face* Herkunft aus dem Englischen, das Duden-Fremdwörterbuch macht keine Angaben über die Herkunft.

19 Transitiver Gebrauch von *fahren* war in bestimmten Verbindungen auch früher schon üblich: *Eisenbahn, Karussell, Rad fahren* usw.; vgl. Mackensen, Technik in sprachlicher Funktion, S. 62.

20 In übertragener Bedeutung wird das Wort schon seit längerem absolut gebraucht.

21 Der Plural von *Freiheit* ist seit langem gebräuchlich.

22 Vgl. Moser, Sprachliche Folgen, S. 12 f.

23 Vgl. Moser, Sprachliche Folgen, S. 20.

24 Vgl. Moser, Sprachliche Folgen, S. 20: "Das Wort hat seinen staatspolitischen Sinn zurückgewonnen".

25 Nur Ergebnisse, die für die Untersuchung eine Rolle spielen, können hier referiert werden; auf die Wiedergabe der theoretischen Grundlagen muß verzichtet werden.

26 Zur Definition einer Konstruktion vgl. Studia Grammatica I, S. 19.

27 Hier und im folgenden stets abgerundete Werte.

28 Zur Definition des Begriffs vgl. Vater, Eigennamen und Gattungsbezeichnungen.

29 Zahlenangaben in Prozenten.

30 Der Bindestrich steht hier an einer Stelle, die aus semantischen Gründen nicht Haupteinschnitt sein kann.

31 Motsch, Zur Stellung der 'Wortbildung', S. 45.

32 Nur die in vollen Prozenten erfaßbaren Transformationstypen sind hier aufgeführt.

33 Bei diesen Belegen sind noch weitere Transformationen in NG + $NG_{Präp}$ und NG + NS möglich.

34 (Duden), Grammatik, S. 404 ff.

35 Henzen, Wortbildung, S. 234 ff.

36 Diese Unterscheidung wurde nachträglich, d.h. erst bei der Auswertung, eingeführt; sie konnte nur noch in diesem Kapitel angewendet werden. Die bei der Verschlüsselung der Spalten 1 und 43 - 50 und bei der Klassifizierung der Komposita nach der Struktur ihrer Glieder (3.3.2) verwendete Formel p + w + s umfaßt außer den hier charakterisierten Konstruktionen auch Ableitungen von einer präfigierten Basis und Präfigierungen von einer abgeleiteten Basis.

37 Vgl. Motsch, Zur Stellung der 'Wortbildung', S. 37 f.

38 Anzahl der Belege.

39 Die mit allen Verbalsuffixen gekoppelt auftretenden Flexionsendungen werden in [ ] wiedergegeben.

40 Eine Ausnahme stellt hier der Beleg *Verqueres* dar, in dem *ver-* sich mit dem Adverb *quer* verbindet; doch dürften solche Fälle auf die Umgangssprache beschränkt sein.

41 Anzahl der Belege; die Angaben beziehen sich auf die letzte Ableitungsstufe.

42 Anzahl der Belege.

43 Schnelle und Kranzhoff, Zur Beschreibung und Bearbeitung der Struktur deutscher Wörter.

44 Vgl. Erben, Abriß der deutschen Grammatik, S. 23.

45 Den hier mit A, P oder P/A bezeichneten Konstruktionen können selbst wieder A-, P-, P/A- oder K-Basen zugrunde liegen (vgl. die im Text folgenden Listen).

46 Von dem zweiten Kompositionsglied *-naut* ist hier nur das *-n* erhalten.

47 Von dem zweiten Kompositionsglied *-wau* ist hier nur das *w* erhalten (vgl. Bzdęga, Reduplizierte Wortbildung im Deutschen, S.8).

48 Einige Konstruktionen mit Präfixen wie *anti-*, *post-*, *supra-* lassen sich nur in P/A-Formen auflösen; *Antidogmatiker* kann nur auf eine Basis *Dogma*, nicht auf eine Basis *Dogmatiker* zurückgeführt werden.

49 Zur Erläuterung des Begriffs vgl. 3.3.3, zur Verschlüsselung 1.2.3.6.

LITERATURVERZEICHNIS

Die im Text und in den Anmerkungen verwendeten Kurztitel stehen in Klammern jeweils am Ende der bibliographischen Angaben.

Bzdęga, Andrzej Zdzisław: Reduplizierte Wortbildung im Deutschen, Poznań 1965.

Carstensen, Broder und Galinsky, Hans: Amerikanismen der deutschen Gegenwartssprache. Entlehnungsvorgänge und ihre stilistischen Aspekte, Heidelberg 1963.

Chomsky, Noam: Syntactic Structures, The Hague 1957.

Chomsky, Noam: Aspects of the Theory of Syntax, Cambridge/Mass. 1965.

Daniels, Karlheinz: Substantivierungstendenzen in der deutschen Gegenwartssprache. Nominaler Ausbau des verbalen Denkkreises, Düsseldorf 1963.

(Deutsche Akademie der Wissenschaften zu Berlin. Arbeitsstelle Strukturelle Grammatik): Studia Grammatica I, Berlin ^{2}1965.

(Deutscher Normenausschuß): Dezimal-Klassifikation. Deutsche Kurzausgabe, Köln ^{3}1955.

(Duden): Fremdwörterbuch = Der Große Duden 5, Mannheim 1960.

(Duden): Etymologie. Herkunftswörterbuch der deutschen Sprache = Der Große Duden 7, Mannheim 1963.

(Duden): Grammatik der deutschen Gegenwartssprache = Der Große Duden 4, Mannheim ^{2}1966. (G r a m m a t i k)

Erben, Johannes: Abriß der deutschen Grammatik, Berlin ^{7}1964.

Henzen, Walter: Deutsche Wortbildung, Tübingen [2]1957. (W o r t b i l d u n g)

Mackensen, Lutz: Technik in sprachlicher Funktion, in: Studium Generale 15, H. 1, 1962, S. 59 - 71.

Moser, Hugo: Sprachliche Folgen der politischen Teilung Deutschlands = Beihefte zum "Wirkenden Wort" 3, Düsseldorf 1962. (S p r a c h l i c h e F o l g e n)

Motsch, Wolfgang: Zur Stellung der 'Wortbildung' in einem formalen Sprachmodell, in: Studia Grammatica I, Berlin [2]1965, S. 31-50.

Polenz, Peter von: Funktionsverben im heutigen Deutsch. Sprache in der rationalisierten Welt = Beihefte zum "Wirkenden Wort" 5, Düsseldorf 1963.

Schnelle, Helmut und Kranzhoff, Jörg Arnim: Zur Beschreibung und Bearbeitung der Struktur deutscher Wörter, in: Beiträge zur Sprachkunde und Informationsverarbeitung 5, 1965, S. 80 - 89 und 6, 1965, S. 65 - 87.

Seiler, Hansjakob: Relativsatz, Attribut und Apposition, Wiesbaden 1960.

Vater, Heinz: Lochkarten im Dienste der Sprachwissenschaft, in: Muttersprache 73, H.1, 1963, S. 5-12 und H.2, 1963, S. 48-53.

Vater, Heinz: Das System der Artikelformen im gegenwärtigen Deutsch, Tübingen 1963.

Vater, Heinz: Eigennamen und Gattungsbezeichnungen, in: Muttersprache 75, H. 7/8, 1965, S. 207 - 213.

(VEB Bibliographisches Institut): Fremdwörterbuch, Leipzig 1954.

Weisgerber, Leo: Die Ordnung der Sprache im persönlichen und öffentlichen Leben, Köln 1955.

Weisgerber, Leo: Der Dienst an der Muttersprache, in: Muttersprache 66, H.1, 1956, S. 1-8.

ABKÜRZUNGSVERZEICHNIS

Ø	Nullsuffix
a	Akkusativ
A	Ableitung
Abk	Abkürzung
Adj	Adjektiv
AdjAdv	Adjektiv-Adverb
AdjG	Adjektivgruppe
AdjK	Adjektivkern einer Wortgruppe
Adv	Adverb
AdvG	Adverbialgruppe
AdvK	Adverbialkern einer Wortgruppe
App	Apposition
Art	Artikel
d	Dativ
E	Eigenname
f.	Femininum
Fut	Futurum
g	Genitiv
iGz	im Gegensatz zu
Imp	Imperfekt
indiff	indifferent
Inf	Infinitiv
Interj	Interjektion
iVbdg	in Verbindung
K	Kompositum
m.	Maskulinum
n.	Neutrum
n	Nominativ
NG	Nominalgruppe
NK	Nominalkern einer Wortgruppe
NS	Nebensatz
n.tr.	nicht transformierbar
p	Präfix
P	Präfigierung
P/A	gleichzeitige Präfigierung und Ableitung
pass	Passiv
Part	Partizip
Perf	Perfekt
Pers	Person

Pl	Plural
Präp	Präposition
Präs	Präsens
Pron	Pronomen
s	Suffix
S	Substantiv
Sg	Singular
St	Stamm
ugs	umgangssprachlich
V	Verb
VK	Verbalkern einer Wortgruppe
w	Wurzel
WG	Wortgruppe
Z	Zahlwort (Grundzahlen)
ZK	Zahlwortkern einer Wortgruppe

FORSCHUNGSBERICHTE DES INSTITUTS FÜR DEUTSCHE SPRACHE – MANNHEIM,
herausgegeben von Ulrich Engel und Irmgard Vogel

Band 1: I. Arbeitsberichte
Grundsätzliche Bemerkungen zu den Untersuchungen zum Verbalbereich
G.Beugel / U.Suida, Perfekt und Präteritum in der deutschen Sprache der Gegenwart
H. Gelhaus, Das Futur in der deutschen Sprache
S. Jäger, Zum Gebrauch des Konjunktivs in der indirekten Rede
K. Brinker, Das Passiv
II. Diskussionsbeiträge
S. Jäger, Der Modusgebrauch in den sogenannten irrealen Vergleichssätzen
B. Engelen, Zur Semantik des deutschen Verbs
U. Engel, Adjungierte Adverbialia. Zur Gliederung im Innenfeld
Mannheim 1968, 103 S., DM 8.–. Tübingen ²1972
ISBN 3–87808–601–6

Band 2: U. Engel, Vorbemerkungen
I. Zint, Maschinelle Sprachbearbeitung des Instituts für deutsche Sprache in Mannheim (Teil I)
M. W. Hellmann, Zur Dokumentation und maschinellen Bearbeitung von Zeitungstexten in der Außenstelle Bonn (Teil II)
G. Billmeier, Über die Signifikanz von Auswahltexten (Teil III)
Mannheim 1968, 171 S., DM 8.–. Tübignen ²1973
ISBN 3–87808–602–4

Band 3: P. Kern, Bemerkungen zum Problem der Textklassifikation
M. W. Hellmann, Über Corpusgewinnung und Dokumentation im Mannheimer Institut für deutsche Sprache
W. Müller, Teilerhebungen und ihre Anwendung auf die Sprachbearbeitung
U. Engel, Das Mannheimer Corpus
Mannheim 1969, 84 S., DM 8.–
ISBN 3–87808–603–2

Band 4: B. Engelen, Das Präpositionalobjekt im Deutschen und seine Entsprechungen im Englischen, Französischen und Russischen
M. H. Folsom, Zwei Arten von erweiterbaren Richtungsergänzungen
A. Ströbl, Aus den Überlegungen zur Bearbeitung der Wortstellung für das „Grunddeutsch“
Ch. Winkler, Untersuchungen zur Intonation in der Deutschen Gegenwartssprache
R. M. Frumkina, Über das sogenannte „Zipfsche Gesetz“. (Aus dem Russischen übersetzt von A. Schubert)
Mannheim 1970, 132 S., DM 12.60. Tübingen ²1974
ISBN 3–87808–604–0

Band 5: U. Engel, Regeln zur Wortstellung
U. Winkelstern, Corpusanalyse zur Untersuchung der Wortstellung
B. Busch, Erfahrung bei der Codierung
Mannheim 1970, 170 S., DM 8.–
ISBN 3–87808–605–9

Band 6: Sammelband
B. Engelen, Referentielle und kontextuelle Determination des Wortinhaltes als Problem der Wortarten
H. Fenske, Zur Verschlüsselung von Satzbauplänen. Ein Arbeitsbericht
S. Jäger, Hochsprache und Sprachnorm. Kritische Bemerkungen zu einer sprachwissenschaftlichen Verfahrensweise
Tübingen 1971, 100 S., DM 8.–
ISBN 3–87808–606–7

Band 7: Gesprochene Sprache. Bericht der Forschungsstelle Freiburg
Tübingen 1973, 311 S., Dreifachband DM 24.–
ISBN 3–87808–607–5

Band 8: S. Jäger, J. Huber, P. Schätzle, Sprache – Sprecher – Sprechen. Probleme im Bereich soziolinguistischer Theorie und Empirie
Tübingen 1972, 377 S., Dreifachband DM 24.–
ISBN 3–87808–608–3

Band 9: H. Popadić, Untersuchungen zur Frage der Nominalisierung des Verbalausdrucks im heutigen Zeitungsdeutsch
Tübingen 1972, 151 S., DM 8.–
ISBN 3–87808–609–1

Band 10: H. Fenske, Schweizerische und österreichische Besonderheiten in deutschen Wörterbüchern
Tübingen 1973, 390 S., Dreifachband DM 24.–
ISBN 3–87808–610–5

Band 11: I. Neumann, Temporale Subjunktionen. Syntaktische-semantische Beziehungen im heutigen Deutsch
Tübingen 1972, 180 S., DM 8.–
ISBN 3–87808–611–3

Band 12: G. Kaufmann, Das konjunktivische Bedingungsgefüge im heutigen Deutsch
Tübingen 1972, 168 S., DM 8.–
ISBN 3–87808–612–1

Band 13: P. Nikitopoulos, Statistik für Linguisten. Teil I
Tübingen 1973, 160 S., DM 12.60
ISBN 3–87808–613–X

Band 14: K. Bayer, K. Kurbel, B. Epp, Maschinelle Sprachbearbeitung im Institut für deutsche Sprache
Tübingen 1974, 210 S., DM 19.60
ISBN 3–87808–614–8

Band 15: H. Gelhaus, S. Latzel, Studien zum Tempusgebrauch im Deutschen
Tübingen 1974, 350 S., DM 28.–
ISBN 3–87808–615–6

Band 16: Horst Raabe (hg.), Trends in kontrastiver Linguistik I. Band I: Interimssprache und kontrastive Analyse. Das Zagreber Projekt zur angewandten Linguistik
Tübingen 1974, 229 S., DM 25.20
ISBN 3–87808–616–4

Band 17: Signe Marx-Nordin, Untersuchungen zur Methode und Praxis der Analyse aktueller Wortverwendungen. Aspekte des Gebrauchs der Wörter ‚Sozialismus' und ‚sozialistisch' in der politischen Sprache der DDR
Tübingen 1974, 229 S., DM 25.20
ISBN 3–87808–617–2

Band 18: Arbeitsgruppe MasA: Zur maschinellen Syntaxanalyse I. Morphosyntaktische Voraussetzungen für eine maschinelle Sprachanalyse des Deutschen
Tübingen 1974, 2 Teilbände zus. DM 64.–, 670 S.
ISBN 3–87808–618–0

Band 19: Arbeitsgruppe MasA: Zur maschinellen Syntaxanalyse II. Ein Lexikon für eine maschinelle Sprachanalyse des Deutschen
Tübingen 1974, 229 S., DM 25.20
ISBN 3–87808–619–9

Band 20: Heinz Kloss (hg.), Deutsch in der Begegnung mit anderen Sprachen: im Fremdsprachen-Wettbewerb, als Muttersprache in Übersee, als Bildungsbarriere für Gastarbeiter. Beiträge zur Soziologie der Sprachen
Tübingen 1974, 204 S., DM 19.60
ISBN 3–87808–620–2

Weitere Bände in Vorbereitung.

Stand 30. 9. 1974